U0129196

韓仁先 著

文史哲學集成

國家兩廳院品牌研究

文史哲出版社印行

國家圖書館出版品預行編目資料

國家兩廳院品牌研究 / 韓仁先著. -- 初版 --
臺北市：文史哲，民 103.08
頁；　公分（文史哲學集成；660）
ISBN 978-986-314-210-2（平裝）

1.國立中正文化中心兩廳院　2.品牌行銷

980.6　　　　　　　　　　　　　103017326

文史哲學集成　　660

國家兩廳院品牌研究

著　　者：韓　　　仁　　　先
出 版 者：文　史　哲　出　版　社
http://www.lapen.com.tw
e-mail：lapen@ms74.hinet.net
登記證字號：行政院新聞局版臺業字五三三七號
發 行 人：彭　　　正　　　雄
發 行 所：文　史　哲　出　版　社
印 刷 者：文　史　哲　出　版　社
臺北市羅斯福路一段七十二巷四號
郵政劃撥帳號：一六一八〇一七五
電話886-2-23511028・傳真886-2-23965656

實價新臺幣三〇〇元

中華民國一〇三年（2014）八月初版

緣　　起

　　1988 年秋天，無意間，在中國時報的人間副刊上，看到了兩廳院徵才的廣告，又幸運地趕在最後一刻備齊資料，飛車送到夜間郵局，寄出報名文件。於是，始料未及地，就此展開了與兩廳院的不解緣。

　　打從初期戲劇節目承辦人開始，到節目企劃，以及之後的客服管理、票務系統、駐店招商、推廣業務，在長達四分之一世紀的時間裡，兩廳院教育我、磨練我、給我機會成長。雖然，也有挫折灰心喪志的時候，但每當覺得自己快要撐不下去了，就會到戲劇院，獨自坐在空蕩無一人的觀眾席裡，看著舞台上忙碌的黑衣人，或裝台、或排練，這時候，我會找到對劇場的初心，再度點燃起對她的熱情。

　　2008 年，當時擔任業務推廣部經理，負有兩廳院行政法人後增加營收的重責大任，對身為資深文青的我來說，可是一項新鮮的挑戰，於是，報考了政大 EMBA，還特別選擇企管組，希望能學習到一些管理營運上的新

知技能。

　　在政大，常會遇到同學問起「妳在哪裡服務？」，「兩廳院」，卻往往面對一臉迷網：「甚麼廳？甚麼院？」這才覺悟到，自己心目中認定響噹噹的表演藝術聖殿，知名度其實並沒有那麼高。而透過行銷課，也漸漸了解到「品牌」的重要性，品牌帶動產品，事半功倍。於是想著：何不寫一本關於兩廳院品牌的書呢！

　　這本書，是憑著一股熱誠信念，摸索前進出來的成果，希望對兩廳院的品牌發展有所幫助。同時，也藉此感謝在兩廳院一起打拼多年的夥伴、政大師長的啟發教導，以及長期容忍我因看戲而經常晚歸的家人。

國家兩廳院品牌研究

目　　次

第一章 緒 論

第一節 背景說明

　　國家兩廳院開幕營運至今已屆 27 年，這超過四分之一世紀的時間，對歐美動輒百年的劇院而言，尚屬年輕；但在台灣，其不僅是第一座符合國際專業劇場條件的表演場地，也是第一個擁有自行製作、策畫及推廣節目能力的表演藝術中心，而此正是與台灣當時其他官方表演場館、文化中心最大不同之處。即便放諸於亞洲，兩廳院成立時，還沒有香港文化中心、新加坡濱海劇院，遑論上海大劇院、北京國家大劇院。兩廳院的興建，對中華民國政府文化建設上具有重大指標性意義。

　　27 年來，兩廳院雖歷經組織定位不明、首長更迭頻繁、改制法人、監督機關異動等風風雨雨，卻也算是交出不錯的成績單，為台灣表演藝術界無論是人才培植或專業提昇都累積出正面的能量。而在國外表演藝術經

紀圈，藝術經紀公司大都知道台灣有個 "National Chiang Kai-Shek Cultural Center"，不但擁有富麗堂皇具東方古典特色的專業演出場地，也持續不斷將世界一流的表演團體、引領風騷的前衛藝術家邀請到台灣演出。不僅如此，多年來兩廳院對劇場觀眾的養成，包括藝術推廣、欣賞品味、劇場禮儀等的提昇，也可看出顯著的成效。

　　因應推動票房需求，兩廳院自 2004 年開始，將原先節目宣傳業務獨立，成立行銷部（2007 年又與節目部合併成為企劃行銷部），專司節目行銷、贊助、會員經營等事務。但殊為可惜的是，歷年來行銷工作大多集中在藝術推廣及節目宣傳上，對兩廳院非常有價值的品牌之推動，並沒有整體策略及規劃，執行上也分散在不同部門、不同業務塊面，即使誤打誤撞在品牌累積上有所成果，也可以說是無心插柳，大多知其然而不知其所以然。

　　品牌的力量，大至台灣國際形象的推動，小至兩廳院票房、會員、相關商品、售票系統的經營，都可發揮極大影響力。而為兩廳院建立整體品牌經營策略及地圖，在新興場館陸續興建落成的今天，更是刻不容緩的任務。

　　本著作首就兩廳院緣起、發展與重要紀事作一敘

述，以探究過程變革之間對組織產生的影響，其次釐清
兩廳院的核心價值及產品，剖析現今品牌經營現狀及效
益，進而分析其在品牌經營上所遭遇的困境，並嘗試提
出可能解決之道。最後在為兩廳院品牌經營把脈之後，
提出建構品牌經營的建議。

第二節　相關文獻回顧

　　兩廳院自 1987 年開幕營運，至今超過 20 年，作
為全台灣第一個專業劇場，各方位相關研究應運而生，
尤其是兩廳院在 1994 年改制，成為全國第一個行政法
人[1]，對於一個原先百分百的公務機關，行政法人化的
歷程、轉變發展、之後的營運效益，也引發法政、管理
學者的研究興趣。

一、專　著

　　以兩廳院為例探討行政法人的專著，首推曾擔任兩
廳院藝術總監、董事長，被圈內人暱稱為「行政法人之

1　「行政法人法」在 2012 年始立法通過，初步預計推動設置五個行
　　政法人，包括：國家中山科學研究院、國家運動訓練中心、國家
　　表演藝術中心、台灣電影文化中心，國家災害防救科技中心。其
　　中兩廳院即屬於其中之國家表演藝術中心。

父」朱宗慶[2]的《行政法人對文化機構營運管理之影響
－以國立中正文化中心改制法人為例》[3]及《法治獨腳
戲－話說行政法人》[4]。前者為兩廳院行政法人化之個
案分析，詳述兩廳院轉型前後組織經營概況、轉型為行
政法人之背景動機、轉型過程與所遭遇之困境波折，以
及對未來兩廳院的願景等，由於作者親身參與推動，因
此書中敘述、引用多為第一手資料，內容中亦流露出作
者對兩廳院的感情與高度期許。《法治獨腳戲 — 話說
行政法人》延續行政法人主題，就其個別相關議題作深
入的討論，例如：「兩廳院董事長與藝術總監的定
位」、「績效評鑑委員會」、「行政法人＝自負盈
虧？」等，大多是在執行面上所遭遇到的問題，作者顯
然是想藉此分項論述作正本清源式的釐清。

　　不讓朱著專美於前，陳郁秀也將在兩廳院擔任董事
長任內的經驗集結成書：《行政法人之評析 — 兩廳院
政策與實務》[5]，以當時兩廳院現行狀況為題材，就行
政法人的組織設計、預算額度、自籌比例、監督、角色

---

2 朱宗慶，於 2001 年至 2004 年擔任兩廳院主任，並在 2004 年 3
　月兩廳院改制法人時，擔任第一屆藝術總監，至 2004 年 8 月為
　止。自 2013 年 3 月至 2014 年 3 月，擔任兩廳院董事長。
3 朱宗慶著，民國 94 年 10 月初版，傑優文化事業有限公司發行。
4 朱宗慶著，民國 98 年 4 月初版，傑優文化事業有限公司發行。
5 陳郁秀著，2010 年 2 月 16 日初版，遠流出版事業有限公司發
　行。

及定位，以至於國家交響樂團等附屬團隊的經營與設置，逐一作現狀描述、問題分析與建議，評述兩廳院施行行政法人後的營運狀況。

二、學術論文

專著以外，以兩廳院爲研究對象的相關論文更爲豐富多元，在主題內容上，基本可分作三類：以研究行政法人體制爲主之論文，以文化行政角度探討兩廳院角色定位之論文，以及以兩廳院售票系統、前台管理、會員經營、節目經紀等實質經營管理層面作爲切入點的相關論文。茲臚列於附錄二（頁 195），以供參考。

以兩廳院行政法人組織運作爲研究重點的相關論文，共有 11 篇。多集中於行政法人制度及運作影響之研究，例如：《行政法人國立中正文化中心之角色功能研究》[6]、《我國行政法人運作問題之研究 —— 以國立中正文化中心爲例》[7]、《台灣的表演藝術機構行政法人化之研究 —— 以國立中正文化中心爲例》[8]等。

也有以文化行政角度，探討兩廳院在整體環境中的角色及功能的論文共 4 篇，例如：《以平衡計分卡推動

---

6 呂翔甄著，國立臺灣師範大學工業教育學系碩士論文，民國 94 年。
7 呂世壹著，國立政治大學公共行政研究所碩士論文，民國 95 年。
8 林靜宜著，台北藝術大學藝術行政及管理研究所碩士論文，民國 97 年。

公部門組織策略性績效衡量制度之探討—以國立中正文化中心為例》[9]、《兩廳院的誕生與文化政策》[10]等。

另有自兩廳院售票系統、前台管理、會員經營、節目仲介等實質經營管理層面作為切入點的研究共 14 篇論文，例如：《應用資料倉儲於表演藝術行銷之研究──以「國立中正文化中心」為例》[11]、《售票系統經營與管理之研究—以兩廳院售票系統為例》[12]、《表演藝術觀眾資訊尋求與會員制之研究──以國立中正文化中心為例》[13]、《表演藝術機構前臺計時服務人員聘僱制度之現況探討──以國立中正文化中心為例》[14]等。

三、兩廳院出版品

兩廳院過去發行之出版品，大多與宣傳節目或推廣表演藝術相關，涉及本身經營管理的出版物，除了每年固定出版的《中華民國表演藝術年鑑》（1995-2012

9　羅煜翔著，國立政治大學會計研究所論文，民國 91 年。
10　邱筱喬著，臺北藝術大學藝術行政與管理研究所碩士論文，民國 98 年。
11　曾美卿著，中國文化大學資訊管理研究所碩士在職專班論文，民國 92 年。
12　徐盛禎著，臺北藝術大學藝術行政與管理研究所碩士論文，民國 94 年。
13　劉家渝著，臺北藝術大學藝術行政與管理研究所碩士論文，民國 94 年。
14　黃相瑜著，國立臺灣師範大學表演藝術研究所碩士論文，民國 98 年。

年）、《表演藝術實錄》（2000-2012 年）以及批露在
官方網站上的年度報告、財務報告外，另有《兩廳院
20 週年論壇台灣劇場經營研討會論文集》（2009 年）
及《兩廳院經營誌》（2010 年），在經營管理方面可
提供相關參考數據。

　　而另一方面，歷來以「品牌」爲題所作之研究，無
論是專著或單篇論文則非常之多，以單一事業體作爲研
究對象的作品亦不在少數。其研究內容大多集中在精品
或民生用品業界，以文化創意產業或非營利組織爲研究
對象的論文誠爲少數，以表演藝術品牌爲研究專題者更
屬鳳毛麟角[15]。在 2001 年至 2014 年間，以「品牌研
究」爲題的博碩士論文約 3500 篇之多，但研究表演藝
術界品牌經營的論文僅得 6 篇，而其中 2 篇又是以偏向
娛樂產業的團體爲對象。其中涉及表演藝術領域品牌研
究的 6 篇論文：《文化產業品牌管理模式應用研究初探
—— 以台灣表演藝術產業爲例》[16]、《表演藝術品牌形
塑之策略研究 —— 以台南人劇團爲例》[17]、《品牌價值
評價模式之研究 —— 以雲門舞集爲例》[18]、《表演藝術

---

15 茲將涉及文創產業品牌經營的論文一併列於附錄二中，以供參考。
16 鄭智偉著，國立政治大學廣告研究所碩士論文，民國 91 年。
17 賴美君著，國立成功大學藝術研究所碩士論文，民國 95 年。
18 黃海清著，國立政治大學經營管理碩士學程（EMBA）碩士論
　文，民國 95 年。

團體品牌策略運用之探討》[19]、《品牌迷群之情感依
附：以霹靂布袋戲為例》[20]、《霹靂布袋戲迷認真性休
閒特質與品牌權益、盜版行為關係之研究》[21]，大多係
針對單一個案演出團體的品牌現實面作描述及分析。而
其中較具有全面的關照的是鄭智偉論文《文化產業品牌
管理模式應用研究初探 ── 以台灣表演藝術產業為
例》，其透過多項個案（優劇場、朱宗慶打擊樂團、紙
風車兒童劇團、綠光劇團、果陀劇場、屏風表演班，及
雲門舞集）的品牌經營進行質性分析，提出非常實際的
建議。他在研究結論中主張，台灣文化產業的品牌建
構，必須整體性關注到四個構面，分別是：提高品牌管
理決策層級、進行完整品牌策略性分析、建立嚴謹品牌
識別系統、整合運用品牌實現系統。

　　過往以兩廳院為對象之作品雖然不少，但無論是專
著或論文，多著重於文化行政、組織變革、業務經營方
面之研究。另方面，以品牌為題的論文何其多，即便是
以非營利組織為對象的論文亦不在少數，可見品牌管理
已不限於業界專利，即便是向來在社群中獨樹一格的表
演藝術團體，也逐漸認知到品牌形象對長遠發展的重要

---

19 李宜萍著，中國文化大學／音樂學系中國音樂組碩士論文，民國
　 98 年。
20 張凱華著，國立臺北大學企業管理學系碩士論文，民國 98 年。
21 沈婉蓁著，南華大學旅遊事業管理學系碩士論文，民國 99 年。

性。然而，以如此重視品牌管理之今日，對國內目前最重要的表演藝術場館－國家兩廳院，其品牌管理研究卻付之闕如。本著作即嘗試就兩廳院之品牌經營觀點作初步探索，並為拋磚引玉，希望能引發對這個領域的重視，以及更多佳作出現。

第三節　範圍及限制

本著作以質性研究方法為主，以量化分析為輔。在詮釋質性資料之際，尤重其資料來源與特徵，方法及要點如下：

一、文獻分析法

由於本著作所分析文獻之來歷不一，即相關文獻由不同作者以不同溝通目標於不同場合或媒體上而發表，須將若干文獻在一定程度予以還原，方得以較客觀地檢視其原貌、掌握其涵意。具體言之，本文蒐集官方資料、學術論文、期刊文章等文獻資料，而予以總結、分析與歸納。所採用文獻之資料來源包括：相關專著、論文、市調報告及報紙資訊等；另在兩廳院出版品方面，則參考兩廳院歷年年鑑、簡介及內部工作計畫書等。尤

其在市調報告以及部分有關節目場次、銷售等,可運用統計分析,使本著作更得以客觀檢察各種影響品牌之要素,如市占率、節目動態與觀眾喜愛之互動等。

二、實例分析法

因品牌深受核心價值及所銷售之產品於市場上所獲得之認同等因素之影響。因此本著作針對特定、具有一定代表性的典型實例,追蹤個案在市場上之影響,同時檢視,品牌如何影響推出該個案之決策,品牌又如何經由市場反應而影響品牌。由於若干個案牽涉到核心價值,即高度質性之要素,所以僅以相關統計資料為輔。

對於檢驗企業品牌知名度及價值最直接的依據,通常來自於專業市場調查研究分析報告。本研究雖分別參考了兩廳院 2005 年、2006 年及 2008 年的市場調查報告,但畢竟時日久遠,與現況應有差距;而若重新進行市場普查,則工程浩大個人力有未逮。

本研究在時間區隔上,係以兩廳院自 1987 年開幕至 2013 年的 26 年間的現象作為研究範疇,以 2014 年發展現況為補充參考說明。

在寫作安排上,共分為七個章節,第一章為緒論,說明研究背景,次針對兩廳院行政法人、管理等面向,列述前人研究成果及相關論文,就相關理論作回顧探

討，並說明本著作之研究方法與限制、研究範圍與章節安排，以及質性研究之過程與方式。

　　第二章介紹兩廳院的緣起與發展，將本著作研究主體：「國立中正文化中心」，就其創建緣起、組織沿革及任務作一敘述，彰顯其在中華民國台灣文化建設上的時代意義及重大任務。

　　第三章探討兩廳院的營運模式和核心價值，包括歷屆領導人、演出團隊對兩廳院的期許，深究兩廳院存在的目的及意義，並就其經營模式作分析。

　　第四章敘述兩廳院的產品與消費者，在本章中，將兩廳院產品及消費者之面向作一歸納及分析。

　　第五章敘述兩廳院品牌經營現況，以過去市場調查及結果、相關媒體報導等，檢視兩廳院品牌經營現況及成效。並將兩廳院企業識別符號及品牌產品作一說明。

　　第六章分析兩廳院過去在品牌經營上的優勢和所遭遇之困境，以及未來可能面對環境上的挑戰。

　　第七章嘗試就品牌定位、策略與管理等面向，為兩廳院品牌重整作出具體建議，並建立品牌稽核制度使其具有永續性。

　　結語部分，係將本研究之發現作一總結，反思本研究之不足，以作為未來的研究方向。

第二章　兩廳院緣起與發展

第一節　創建緣起

　　一般人通稱的「兩廳院」，正式名稱是具有官方色彩的「國立中正文化中心」。1987 年 10 月正式開幕營運，是台灣第一個擁有國際級現代劇場設備的表演藝術場地。室內共有四座表演廳，包括位於愛國東路側的國家戲劇院、實驗劇場，以及信義路側的國家音樂廳與演奏廳，另外劇院與音樂廳之間有戶外藝文廣場。由於在外觀建築造型上，其為座落於中正紀念堂南北兩側的中國明清宮殿式建築物：國家戲劇院及國家音樂廳，也因此約定俗成被統稱為「兩廳院」。

　　兩廳院的建造，起因是為紀念於 1975 年逝世的蔣中正總統，當時訂定「中正紀念公園計畫」興建中正紀念堂、國家戲劇院及國家音樂廳，「以實現『民生主義

育樂兩篇補述』之理想」[1]。

　　第一階段規劃的中正紀念堂於 1980 年落成啓用，國家戲劇院及國家音樂廳屬第二階段興建工程，因其業務屬性爲中央主管之文化建設工作，因此行政院於 1980 年將興建營運權責交由教育部主辦[2]。教育部組成「籌建小組」督導工程施作[3]，並於 1985 年成立「國家戲劇院及音樂廳營運管理籌備處」，作爲兩廳院開幕前營運準備的行政單位[4]。兩廳院在 1987 年 10 月正式開幕營運，從 1975 年的發想，到 1987 年完成，共歷時 12 年。開幕時舉辦盛大開幕季演出，邀請國內外著名表演藝術家參與表演[5]，轟傳一時。兩廳院的興建，不

---

1 參見張志良〈國家戲劇院及音樂廳之時代意義〉，《國立中正文化中心簡介》，1987 年 10 月 1 日出版。

2 自 1980 年至 2012 年 5 月，兩廳院都是教育部隸屬單位，2012 年 5 月文化部成立，兩廳院於 2014 年 4 月改隸文化部。

3 教育部委託「中興工程顧問社」負責統籌、協調、監督兩廳院的工程興建，設計及監工則簽約聘請和睦建築師事務所負責。演出場地之音響、舞台、照明等設備因屬於劇場專業，則聘請由德國奇鉅公司與荷蘭飛利浦公司聯合組成的「德荷小組」設計施工，另外榮工處也參與其他部分施工工作。

4 由於「國立中正文化中心管理處組織條例」呈報行政院討論通過後，送請立法院審議過程中波折不斷，兩廳院以「國家戲劇院及音樂廳營運管理籌備處」名稱行走江湖 7 年餘，直至 1993 年始正名爲「國立中正文化中心」。

5 當時受邀國際知名演出團體及藝術家有：紐約市立歌劇院（New York City Opera）、荷蘭舞蹈團（Nederlands Dans Theatre）、法國金碼古典劇團（Theatre du Nombre d'Or）、美國克里夫蘭管絃樂團（The Cleveland Orchestra）、大提琴家馬友友、小提琴家

僅為當時台灣表演藝術界之盛事，也是台灣在政治及經濟局面穩定之後，將施政重心擴展於精神層面文化建設之具體成果。

　　兩廳院在當時的時代意義，首重在社會教化功能，其次才是提供民眾表演藝術休閒娛樂，此一想法在兩廳院初期的工作目標具體展現：

　　（一）推行全民育樂活動，充實國民生活內涵；

　　（二）提昇表演藝術水準，發揚我國精緻藝術；

　　（三）拓展社會藝術教育，培養表演藝術人才；

　　（四）弘揚中華傳統文化，加強國際整體交流。[6]

　　從其所訂下的目標可看出，其興建目的並不僅是打造一個國際化專業表演藝術展演場所，而懷抱更廣大的企圖心，希望培植出兩廳院策畫節目及推廣的能力，藉此提昇台灣整體表演藝術水準及促進國際間文化交流。因此其肩負的功能，無寧更像是「國家表演藝術中心」。

　　時至今日，回頭檢視當時為兩廳院所訂定的整體目標，與現今施政方針對照，方向仍十分一致。除專業演出場地經營管理外，同時也身負提升國內表演藝術及全

艾薩克‧史坦（Isaac Stern）、鋼琴家伊曼紐‧艾克斯（Emanuel AX）、女高音寇楚芭斯（Ileana Cotrubas）等。

6 參見國立中正文化中心〈工作目標〉，《國立中正文化中心簡介》p8，1987 年 10 月 1 日出版。

民文化水準的責任，而這也是兩廳院長期以來持續努力不輟的方向。

第二節　組織沿革及任務

　　基於這樣的企圖與視野，兩廳院在業務發展上的功能定位，十分著重於文化軟實力的累積，其發展重點為：

　　1、節目製作與演出；

　　2、學術研究與出版；

　　3、藝術教育之推廣；

　　4、國際交流與合作；

　　5、前台服務與管理。[7]

　　將國內外節目的策劃與演出視為中心最主要的核心業務，並延伸至成立表演藝術圖書館，保存表演藝術相關圖書視聽資訊與資料，以及藝術推廣與教育、藝術行政人才培育等。此外，在國際交流方面，不僅計畫與亞太各國文化中心劇場等聯繫，共同邀請歐美演藝團體，更進而預備籌組「亞太區域各國演藝聯盟」，以推動各

7　參見陸、〈本廳院之業務發展〉，《國立中正文化中心簡介》
　　p26-30，1987 年 10 月 1 日出版。

國民族戲劇、音樂、舞蹈藝技交流合作。[8]

　　聯結亞太區域國家，結盟組成表演藝術聯盟，在其時是一項非常具有前瞻性的想法。因為在 1987 年間，亞太地區符合國際專業標準的表演場地屈指可數，當時僅有比兩廳院早成立一年的日本東京的「山多利音樂廳」（1986 年成立）和日本新國立劇場（1986 年成立）。後起之秀如位在香港九龍的「香港文化中心」（1989 年成立）、新加坡「濱海藝術中心」（2002 年成立）、上海「上海大劇院」（1998 年成立）、浦東「上海東方藝術中心」（2005 年成立），以及具有指標意義的北京「國家大劇院」（2007 年成立）、規模最新的廣州大劇院（2010 年成立）等，都還未興建或營運，意即除了日本之外，中華民國是亞洲地區唯一擁有國際級演出場地、有條件展示文化實力的國家，在當時絕對擁有先發者的優勢。遺憾的是，這個構想之後並未落實。類似當年「亞太區域各國演藝聯盟」構想的結盟組織「亞太表演藝術中心協會」，至 1996 年始成立，是由澳洲墨爾本維多利亞藝術中心所發起。[9]

---

8 同註 13。

9 「亞太表演藝術中心協會」（Association of Asia Pacific Performing Arts Centers，簡稱 AAPPAC）1996 年由澳洲墨爾本維多利亞藝術中心發起，邀集亞洲太平洋地區各國之表演藝術場館，成立之非營利且非政治之表演藝術專業組織。創始會員有五機構：墨爾

　　另一開風氣之先的作爲是對服務管理面的重視。除了演出時要求專業的前台服務之外，最具有創新思維的是在票務管理上，不同於當時一般演出售票人工劃位方式，而採取「電腦化售票作業」方式，透過電腦系統處理選位售票。當時市面上尚未有「年代售票系統」（1991 年成立）、「元碁售票系統」（1998 年成立，1994 年與「兩廳院售票系統」合併）、「寬宏售票系統」（2008 年成立）等售票系統，兩廳院的電腦化售票系統，無疑是這個領域的先行者。

　　兩廳院的組織編制，成立之初因爲管理籌備處的身分，最高首長爲處長，副處長之下設企劃組、演出組、機電組、總務組、警衛組、人事室及會計室，並計畫未來附設各類表演藝術團隊。當時各組所負責的業務內容分別是：

　　　企劃組：表演節目策劃、製作、人才培訓、研
　　　　　　　究發展及附屬表演團體的經營管理。

　　　演出組：演出專業技術、佈景、服裝、道具等

本維多利亞藝術中心、日本愛知縣文化中心、首爾藝術中心、菲律賓文化中心及國立中正文化中心。至 2012 年止， AAPPAC 共有 70 個成員，來自 23 個國家。正式會員共 32 個，並有 Business Circle 成員 36 個，Peak-Business Circle 成員 2 個。每年舉辦一次年會，由各會員國輪流舉辦，兩廳院於 2001 年及 2012 年負責主辦年會。2012 年黃碧端總監並經推舉擔任協會副理事長。

設計製作及後台事務協調與管理。

機電組：整體建築物空調、水電、弱電（照明）及視聽、舞台、燈光設備操作和維護管理。

總務組：掌管兩廳院各項設備與財產管理、環境清潔維護、文書出納等。此外，「觀眾服務」在當時亦屬總務管轄範圍。

警衛組：安全防護、公共秩序維持及安全管理。

人事室：比照公務機關，依法辦理人事管理與人事查核等事務。

會計室：依法辦理歲計、會計，並兼辦統計事務。

　　因此，在組織中「企劃組」可以說是兩廳院的火車頭，也是整個組織負責核心事業的單位。當時的組織編制與分工是依據「國立中正文化中心管理處組織條例」草案所設定，之後歷年因應業務需求，而陸續有增刪調整。

　　組織上首次較大規模的變動是在 1992 年末，「國立中正文化中心暫行組織章程」核定通過。兩廳院成為隸屬於教育部之社教機構，設有主任一名及副主任兩名，業務單位也由「暫時性組織」，轉變為二級制「專業科層式組織」，「組」之下再設「科」。

　　當時的組織，依業務分工，主要營運業務分由四個組負責：企劃組（綜合業務科、節目科、宣傳科）、演出組（綜合業務科、舞台科、燈光科、視聽科）、推廣組（觀眾服務科、票務科）、工務組（弱電科、水電科、空調科），後勤支援工作分為四個室：資訊室、圖書室（表演藝術圖書科、視聽科）、秘書室（綜合研考文書科、出納、財產管理暨採購科）、人事室、會計室，以及中心負責編輯發行附屬刊物的表演藝術雜誌社。

　　此時可見兩廳院在業務分工上更為細緻專業，新設推廣組專司表演藝術之推廣與觀眾服務，在企劃組下設置專司宣傳的單位，並另設資訊室、圖書室、表演藝術雜誌社，都是呼應現實需求的改變。

　　2004 年 3 月 1 日，歷史性的一刻，兩廳院脫離原來的公務體系行政機關組織型態，改制為「行政法人」，糾纏反覆多年的組織定位問題終獲解決[10]。改制後的兩廳院，仍維持原來「國立中正文化中心」名稱。

　　行政法人後的兩廳院，組織任務重新調整，依據「國立中正文化中心設置條例」，調整後的任務如下：

　　1、國家戲劇院、國家音樂廳之營運及管理

---

10 關於兩廳院組織定位問題，請參考附表一「兩廳院組織定位沿革大事記」。

2、表演藝術活動之策劃、製作及推廣

3、表演藝術相關影音出版品之出版、發行，表演專業技術及行政人員之培訓

4、票務系統之經營及管理

5、促進國際文化合作及交流

6、其他表演藝術相關之業務

在行政法人的組織狀態下，兩廳院仍屬教育部管轄，但設有董事會與監事會。董事 14 人，監察人 3 人，由監督機關（教育部）遴選推薦，再報請行政院聘任。董事長由行政院長就董事人選聘任，綜理董事會業務。

董事會的組成，包括下列幾類人士：（一）政府相關機關代表（3 人）；（二）表演藝術相關之學者專家（不得超過 4 人）；（三）文化教育界人士（不得超過 4 人）；（四）民間企業經營、管理專家，或對兩廳院有重大貢獻之社會人士（不得超過 4 人）。

董事會負責兩廳院工作方針核定、營運計畫及營運方針審查、經費籌募、年度預算核定與決算審議、自有不動產處分或其負擔審議、重要規章審議或核定，以及藝術總監任免等事項。

行政經營團隊的首長是藝術總監，藝術總監是由董事長提請董事會通過後加以任免，受董事會督導。對內

綜理兩廳院業務，對外則代表兩廳院。

　　爲了強化改制後組織之經營能力，參考民間企業經營，將工作架構重新劃分爲藝術、業務、行政三大區塊，由三位副總監掌理，下轄 6 部、3 室、1 雜誌社。較大的「部門」之下再分設「組」爲單位。部門主管設經理 1 人，之下設組，組長爲二級主管。

　　「藝術區塊」和節目製作關係密切，是兩廳院核心業務，下設節目企劃部（節目一組、節目二組、場地管理組）、演出技術部（統籌管理組、技術組）、圖書資訊室；「業務區塊」的任務是行銷推廣及拓展週邊業務並增加營收，下設業務推廣部（電子商務組、客服組、營運組）、行銷部（節目行銷組、整體行銷組）、專業雜誌社；「行政區塊」側重在後勤支援，下設行政管理部（總務事務組、資訊事務組、安全事務組）、工務部（營建組、電氣組、空調組）、財務室、人力資源室。

　　新的分工架構將「行銷部」自原先企劃部門獨立出來，強調行銷業務之獨特屬性與重要性。

　　2008 年 12 月，因主事者更替且管理觀念不同，組織進行法人後的第一次調整，除了人事與會計維持不變之外，核心業務節目企劃部與行銷部合併爲「企劃行銷部」，圖書室和雜誌社併入業務推廣部，改稱「推廣服務部」，行政部與工務部合併爲「總務行政部」。將原

有 6 部 3 室 1 社，整併爲 4 個部門及 2 個幕僚單位。

　　整併後的組織十分精簡：企劃行銷部（節目一組、節目二組、場地管理組、整體行銷組）、演出技術部（統籌管理組、技術組）、推廣服務部（電子商務組、客服組、營運組、專業雜誌社、圖書資訊室）（營建組、機電組、資訊事務組、安全事務組）、管理室（採購管理組、人力資源組）和財務室。

　　2011 年，中心組織再度調整，此次僅作小幅變動，將「專業雜誌社」、「圖書資訊組」自推廣服務部獨立出來，設立「圖資出版部」，下轄「表演藝術出版組」、「表演藝術圖書資訊組」，凸顯出對出版發行業務之重視與期待，這也是至 2014 年 8 月爲止的組織架構。

　　兩廳院組織調整，或是因應現實環境需求，或是管理上對人力與資源的重新分配，都展現了領導者的企圖心與施政重心。

表一：國家兩廳院組織定位沿革大事紀

時　　間	紀　　　　　事
1985 年 2 月	「國家劇院及音樂廳營運管理籌備處」成立。
1987 年 5 月	中央文化中心籌建指導小組第七次委員會議決議兩廳院建築物名稱訂爲「國家戲劇院」及「國家音樂廳」，管理機構名稱訂爲「國立中正文化中心管理處」。 「國立中正文化中心管理處組織條例」由行政院送請立法院審議。
1987 年 8 月	國家劇院及音樂廳營運管理籌備處進駐兩廳院。
1987 年 10 月	國家劇院及音樂廳營運管理籌備處正式接管兩廳院。 兩廳院正式啓用及開幕。
1987 年 12 月	「國立中正文化中心管理處組織條例」由立法院法制、教育委員會舉行聯席會議完成審查（即一讀通過），並送立法院續議。惟之後未完成二讀及三讀程序。
1991 年 7 月	行政院召開「研商立法院撤回國立中正文化中心管理處組織條例相關事宜」會議，決議由兩廳院重擬組織條例報行政院審查，並同意於組織尚未立法前，以「暫行組織規程」先行運作。
1991 年 9 月	教育部召開會議討論兩廳院未來組織形態及營運方針。
1991 年 10 月	「國立中正文化中心組織條例」草案及「國立中正文化中心暫行組織規程」同時呈報教育部。
1992 年 7 月	行政院開會決議：「國立中正文化中心暫行組織規程」草案將儘速核定，兩廳院之組織以「財團法人」爲宜，並應另擬定相關設置條例由教育部報院審核。
1992 年 9 月	「財團法人中正文化中心設置條例」草案及「財團法人中正文化中心捐助章程」草案陳報教育部。
1992 年 10 月	核定「國立中正文化中心暫行組織規程」。 同時廢止「國家劇院及音樂廳營運管理籌備處組織章程」。

1992 年 12 月	教育部發布「國立中正文化中心暫行組織規程」，並廢止「國家劇院及音樂廳營運管理籌備處組織章程」。 兩廳院由「國家劇院及音樂廳營運管理籌備處」更名為「國立中正文化中心」。
1993 年 11 月	教育部函報「財團法人中正文化中心設置條例」草案至行政院。
1994 年 8 月	行政院將「財團法人中正文化中心設置條例」草案送請立法院審議。 同時將 1987 年提送之「國立中正文化中心管理處組織條例」草案撤回。
1995 年 6 月	立法院審查「財團法人中正文化中心設置條例」草案，因出席委員不足而流會。
1997 年 10 月	兩廳院成立 10 週年。
1998 年 4 月	立法院法制、教育及預算委員會審議「財團法人中正文化中心設置條例」草案，會中委員意見不一，予以擱置。 又基於「立法院職權行使法」第十三條會期不繼續原則，此案須重新審議。
1999 年 3 月	教育部決定採取漸進方式，就國立中正文化中心及三團（國家音樂廳交響樂團、實驗國樂團及實驗合唱團）整合問題分階段執行。先將國立中正文化中心改制條例草案呈報行政院優先函送立法院審議，待以財團法人運作後再研議三團運作方式。
1999 年 4 月	立法院法制、教育及預算委員會召開「探討國立中正文化中心定位及國家三表演團體之未來」公聽會。
1999 年 7 月	行政院函示：在「中央政府機關組織基準法」及「中央政府機關總員額法」兩項法案未完成立法前，各機關組織調整應暫緩辦理。
2001 年 7 月	兩廳院首度邀請多位藝文、行政管理、法人組織、法律、財務等專家學者，成立任務編組之財團法人諮詢委員會，為推動兩廳院財團法人化進行協商工作。

2001 年 12 月	行政院函示：兩廳院朝財團法人規劃，並迅即將有關設置條例草案報院。
2002 年 2 月	行政院長聽取教育部、陸委會施政質詢模擬題庫簡報，指示：「該中心未來朝向民營化發展之問題，儘速研提方案報院」。
2002 年 4 月	教育部召開「國家樂團財團法人」會議，邀集文建會主委及各界專家共同參與。會中教育部長明示：「兩廳院將朝財團法人方向發展」。
2002 年 5 月	立法院及表演藝術聯盟共同召開「挑戰 2008－兩廳院之走向」公聽會。會中各界代表及立法委員、政府代表達成一致共識：兩廳院應朝財團法人方向發展。 教育部長會同文建會主委共同召開記者會，表示兩廳院將朝財團法人方向進行規劃。 兩廳院將「財團法人中正文化中心設置條例」送教育部審查。
2002 年 8 月	「財團法人中正文化中心設置條例」通過教育部部務會議，報行政院審議。
2002 年 10 月	行政院完成「行政法人建置原則草案」，以中正文化中心為全國行政法人化機構之首例。 兩廳院成立 15 週年。
2002 年 11 月	行政院將「財團法人中正文化中心設置條例」送回教育部再審。 行政院組織推動委員會在教育部舉行之跨部會討論會中提出「行政法人」建議。 「國立中正文化中心設置條例」草案送請行政院審查。
2002 年 12 月	行政院院會通過「國立中正文化中心設置條例」草案。 行政院將「國立中正文化中心設置條例」草案送請立法院審議。
2003 年 3 月	立法院法制、教育及文化委員會聯席審查「國立中正文化中心設置條例」草案，當天僅作大致討論，未進行實質條文之逐條審查。 因「行政法人」之母法尚未送立法院審議，為避免母法與子法條文相衝突影響立法品質，當天通過臨時提案：建請就「行政法人設置基準法」舉行公聽會並完成立法程序後，再行審議「國立中正文化中心設置條例」草案。

2003 年 4 月	行政院院會通過「行政法人法」草案。 表演藝術聯盟溫慧玟理事長發起，由林懷民、馬水龍、平珩、陳勝福、朱惠良、黃國禛等藝文界人士共同前往立法院拜會王金平院長，請求支持兩廳院完成「行政法人」立法。
2003 年 10 月	行政院將「國立中正文化中心設置條例」列爲優先法案之一，函請立法院優先審查。
2003 年 11 月	立法院王金平院長召開政黨協商會議，同意「國立中正文化中心設置條例」草案交付朝野協商，由法制、教育及文化委員會抽出本案，逕付二讀。
2003 年 12 月	朝野協商「國立中正文化中心設置條例」完成。
2004 年 1 月	立法院三讀通過「國立中正文化中心設置條例」。總統公布。
2004 年 3 月 1 日	兩廳院正式改制「行政法人」。
2011 年 4 月	立法院三讀通過「行政法人法」。
2012 年 5 月	文化部成立。
2013 年 6 月	「國家表演藝術中心設置條例」[11]草案進入朝野協商，然二讀未果。
2014 年 1 月	1 月 9 日「國家表演藝術中心設置條例」在立法院三讀通過。同月總統公布。
2014 年 4 月 2 日	國家戲劇院及國家音樂廳（兩廳院）納入行政法人國家表演藝術中心營運管理，監督機關由教育部移轉到文化部，更名爲「國家兩廳院」，「國立中正文化中心」走入歷史。
2014 年 4 月 7 日	「國家表演藝術中心」正式掛牌，開始營運。

資料來源：《兩廳院十五週年慶特刊》（2002 年出版）、《行政法人對文化機構營運管理之影響 —— 以國立中正文化中心改制行政法人爲例》（2008 年出版）等。

---

11 國家表演藝術中心爲文化部監督之行政法人單位，下轄位於台北市的國家兩廳院（國立中正文化中心）、台中市的國家歌劇院與高雄市的衛武營國家藝術文化中心。

附錄二：國家兩廳院歷年組織沿革一覽表

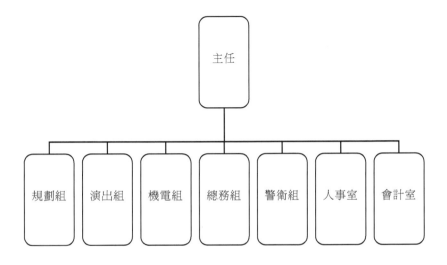

開幕時（1987）組織表

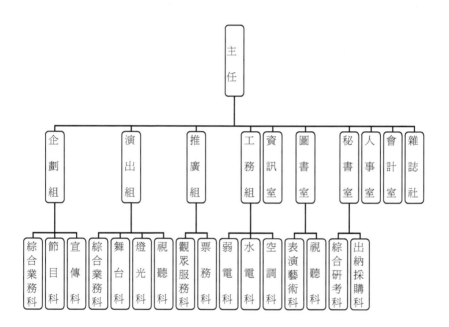

1992 年組織表

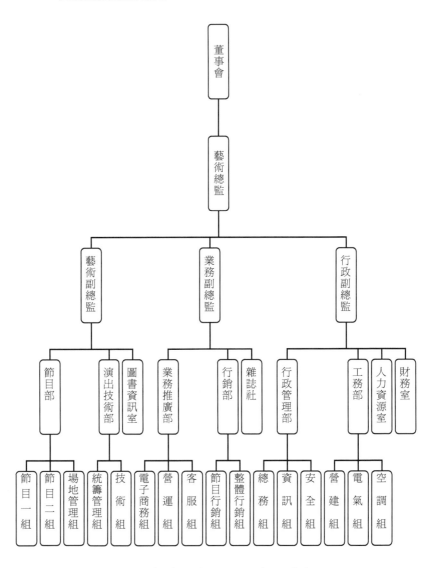

2004 年（改制行政法人）組織表

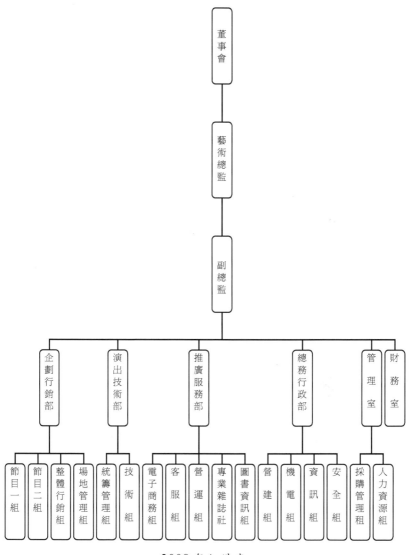

2008 年組織表

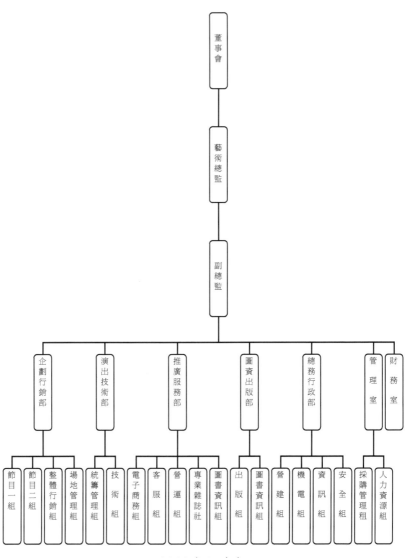

2011 年組織表

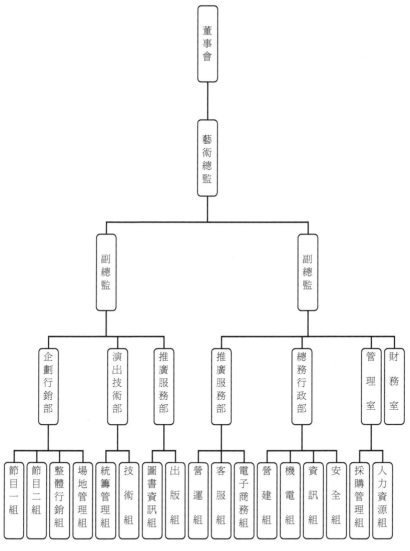

2013 年~迄今組織表

第三章　營運模式與核心價值

第一節　營運模式

一、財務結構

　　國家兩廳院從 1987 年開幕營運至 2004 年 2 月，是以一般公務機關模式運作，每年編列年度預算，由教育部撥補，預算規模在 2004 年改制前，約爲新台幣 7 億元[1]，最大宗支出是在節目製作及行銷費用，主要收入來源則是票房收入及場地租金收入，年度總收入不到 2 億元。

　　2004 年 3 月 1 日兩廳院改制爲「行政法人」，轉型當年度即獲得政府增加至新台幣 4.9 億元的補助經費。接下來連續三年（2005、2006、2007），經過行

1　兩廳院改制前預算規模，2002 年新台幣 5 億 4 千萬元，2003 年 6 億 3 千萬元，2004 年達到 7 億元。

政院與教育部協議，每年固定給予兩廳院新台幣 6.4 億元的經費。從第四年（2008）開始依比例每年調降 3％，也就是補助經費由 6.4 億元，調整到 2008 年的 6.21 億元，2009 年的 6.02 億元，直到 2010 年的 5.84 億元。當時決定到 2011 年，再根據兩廳院法人化後六年來的表現，通盤檢討國家補助預算是予以增減或維持不變。[2]

　　行政法人化之後的兩廳院，政府補助有限，不足部分須由中心自籌。2011 年適逢中華民國建國 100 年，來自政府的補助款為新台幣 4.6 億元，要求兩廳院經費自籌比率為 40％。2012 年因政府財政困難，補助款縮減為 4.37 億元，2013 及 2014 年公務預算補助收入皆不足 4 億元。

　　然而，即使政府補助逐年減少，兩廳院一方面由於嚴格的預算控管、對降低成本進行整體規劃，另方面開發周邊新業務增加收入，基本上整體財務狀況良好，近三年來自籌率都超過 50％，高於政府所原先設定的 40-45％。揆諸 2013 年決算成果[3]，其總收入來自於節目經營（含票房收入、贊助收入、廣告收入等）占 17％、

---

2 相關資料參考朱宗慶〈自籌比例不應是兩廳院行政法人發展的障礙〉，《法制獨角戲 —— 話說行政法人》p52-55。
3 參考「國立中正文化中心 102 年度財務成本分析」之相關數據，《國立中正文化中心 102 年度營運報告》，p59-62。

場地經營（含演出及非演出場地租金收入）占 14%、
公共服務業務（圖書及影音出版品收入）占 1%、其他
為周邊業務經營（含代售票券、禮品店、導覽等收入）
占 11%，及行政管理（含政府補助、投資收益、利息
所得等）占 57%。而支出上的比例則為：節目經營占
41%、場地經營占 25%、公共服務業務占 6%、周邊
業務經營占 11%，及行政管理占 57%。

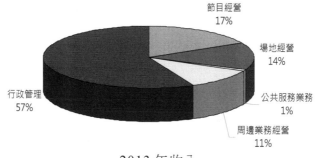

2013 年收入

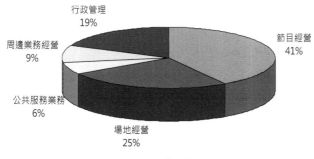

2013 年支出

　　然而，兩廳院畢竟擔負重要公共任務，並非如企業以營利爲首要考量，如何在謀取利潤以減輕政府負擔，及本身社會責任的實踐之間求取平衡，將是不可輕忽的課題。

二、人力資源

　　公務機關時期的兩廳院，人員編制理論上是依據行政院 1992 年核定的「國立中正文化中心暫行組織規程」，明訂編制員額爲 110 至 150 人，然而，實際預算員額卻僅有 58 名，完全不敷劇場各項運作所需。加上公務人員進用標準及方式有許多限制，也無法完全符合專業劇場營運上的需求，換言之，是無論在質或量的需求上，都無法獲得滿足。因此，當時以約聘雇的方式大量進用專業人才，像是負責核心業務策畫節目的規劃組（後改稱企劃組、節目部），絕大部分是約聘人員，這樣的情況一直延續到改制時才有所轉變。當時整體人力大約在 280 至 330 人之間[4]。

　　改制後，人員進用鬆綁，經過當時藝術總監朱宗

---

4 兩廳院在改制前，人員編制大致仍沿襲籌備處時期的規模，即預算員額職員 58 人、約聘僱人員 157 人、臨時人員 46 人、駐警 49 人、技工工友 21 人，合計 331 人。其中預算員額內的人員具有公務身分，其中包括公務人員、技術人員、教育人員、工友、駐衛警等。

慶的努力，與教育部的支持，具公務員身分的員工大
都順利移撥至其他公營單位，因此目前兩廳院絕大多
數人員不具公務人員資格，相關人事規章經過董事會
通過即可施行，其進用與聘僱方式也與一般民營企業
無異，擴大了招募進用的來源基礎與管道，讓專業人
材選用更具彈性。

　　因此目前兩廳院的正職人員組成，改制前的約聘僱
人員佔大多數，其次是陸續新招募的人員，以及極少數
改制時留下具公務身分的教育人員和公務員[5]。主要工
作都是由正職人員擔任，少數臨時人員輔助，以及因應
演出需求依時計酬的前後台工作人員。沒有人力派遣，
但清潔、園藝、保全、停車場經營等劇場專業度較低又
需大量人力的工作，則採外包承攬方式。

　　法人之初，曾因應轉型進行大規模人力盤點，依當
時情況估算，合理的編制員額為 217 名；經過 10 年來
業務變化及擴增，近年來人員多維持在 220 名左右
（不含國家交響樂團、董事會和臨時人員）。在人員配
置上，核心業務的節目企劃人員約近 40 名，負責四個
劇場及戶外廣場（含外租）節目的企劃安排宣傳行銷；
舞台技術人員約 41 名，客服人員約 23 名，圖書資訊

---

5 至 2014 年 6 月，兩廳院具公務或教育人員身分者僅 10 人。

出版人員約 18 名，經營周邊業務的人員約 30 名，負責維護兩棟建物及園區內裝外觀、水電等設施的人員約 40 名，其他人資、財管等行政人員約 25 名。

三、現行營運狀況（Business Model）

如前所述，在財務面，兩廳院將近 50％經費來自政府預算，其他部分依靠自行營運收入，其中包括票房收入、租金收入、售票系統等業務收入、企業及個人贊助，以及利息收入等。而在經費運用上，節目經營是最主要也是最大宗的支出，其次是場地支出與行政支出。

如果把表演藝術視為一項產業，無疑地，兩廳院的功能，如同一個完整的表演藝術生產鏈，在上下游不同階段提供不同的產品。這些產品設計開發之初，未必考慮到消費者需求，往往是組織任務賦予責任，或因應本身業務需求而產生。

從意念創發到觀眾欣賞演出，整個表演藝術作品產生的過程，歷經許多不同階段，也有不同專業的工作者參加（如表 1），而形成表演藝術產業獨特的 value chain。

表 1　表演藝術產業 value chain

生產過程	參與者	說明
作品創作	作曲家、編舞家、劇作家	作品如樂譜、劇本等
節目製作	製作人、導演、設計者	製作團隊又可細分為製作群、設計群、行政群
節目策畫	策展人員、經紀公司	演出節目挑選、檔期和場地的安排
票房行銷	節目行銷人員	節目宣傳和票務推動
票券銷售	售票系統公司	票券銷售平台
品牌經營	公司負責人、品牌經理	節目或團體的品牌推廣
週邊商品開發	業務人員、行銷公司	節目單、影音商品等
後台技術服務	舞監技術人員	演出舞台、視聽、燈光技術支援
前台觀眾服務	客服人員	觀眾驗票、領位等服務
現場演出	演出者、前後台人員	

在目前台灣表演藝術市場上，不同類型的經營者，包括表演團體、經紀公司、舞台技術公司等，各自就其專業部分在此過程中提供服務（如表 2）。然而兩廳院，無論是有意或無意，因時地背景及政府資源支持下，在整個產業中已統合其相關功能，累積出提供 Total Solution 的實力與地位。

表 2　表演藝術產業分工表

	創作	製作	節目規畫	票房行銷	售票	品牌經營	週邊商品	後台服務	前台服務	演出
表演者/團體 （如雲門舞集、表演工作坊）	※	※	※	※		※	※			※
藝術經紀公司 （如新象、牛耳）				※	※	※				※
演出場館 （如城市舞台、國父紀念館）								※	※	
舞台技術公司 （如聚光、唐宋）								※	※	
兩廳院/負責部門	※ 企劃行銷部	※ 企劃行銷部	※ 企劃行銷部	※ 企劃行銷部	※ 推廣服務部	※ 企劃行銷部	※ 推廣服務部	※ 演出技術部	※ 推廣服務部	※ 演出技術部

※表示不同單位各自在表演藝術產業的 value chain 中有參與的部分。

　　Alexander Osterwalder & Yves Pigneur 在《Business Model Generation》[6]一書中，曾藉由描述、分析一個企業的價值訴求（Value Proposition）、主要活動（Key Activities）、主要資源（Key Resources）、重要夥伴（Key Partners）、顧客關係（Customer Relationships）、顧客區隔（Customer

---

6 Alexander Oster walder, Yves Pigneur, Business Model Generation, Hoboken: John Wiley, 2010.

Segments）、通路（Channels）、成本結構（Cost Structure）及營收模式（Revenue Streams）各方面資源及關係，繪製成這個企業的「Business Model Canvas」，以呈現其完整營運模式。

在兩廳院的這張營運畫上，毫無疑問，主要活動是「演出」，主要資源是「專業的場地和人才」最重要的夥伴是「藝術家」，顧客可以區隔為觀眾、一般民眾（B-C）和演出團體、經紀公司（B-B），顧客關係倚靠業務節目企畫人員以及客服中心顧客關係管理系統，銷售主要產品-節目的重要的通路是「兩廳院售票」，成本結構上，最主要的是節目成本、場地經營和人事行政；營收模式，部分由政府補助，其他不足自籌部分，則倚賴節目票房、場地經營和週邊業務。至於兩廳院的價值訴求，是「提供專業服務的劇場」、「國際級的表演藝術場地」，「全民共享的文化園區」，也是「精緻表演藝術交流的平台」。這部分將在以下篇章中詳細討論。

Business Model Canvas - NTCH

KP重要夥伴	KA主要活動	VP價值訴求	CR顧客關係	CS顧客區隔
藝術家 演出團體	演出 推廣活動	國際級表演場地 全民文化園區 專業劇場服務 精緻表演藝術交流平台	客服中心 顧客關係系統	B to C 觀眾 民眾
	KR主要資源 專業場地 專業人才		CH通路 兩廳院售票	B to B 演出團體 經紀公司

CS成本結構	RS營收模式
節目經營　場地經營 人事行政	政府補助　節目票房 場地經營　周邊業務

圖形參考：《Business Model Generation》

第二節　核心價值

在探究兩廳院的品牌為何之前，應該先釐清一點：兩廳院的產品是什麼？更重要的，兩廳院的核心價值又是什麼？

兩廳院的歷任主事者，極少發表對組織核心價值的想法。其原因在於不同於民間企業或組織，兩廳院長期作為公務單位，遵循既定法規，按部就班執行被賦予的公共任務，沒有意識建立「核心價值」對組織之必要性，也就沒有對內傳達相關的訊息。

其中朱宗慶是少數的例外。他在上任初期，即將自

己的經營理念透過 email 方式，每週一信傳達給兩廳院所有同仁[7]，在長達將近兩年的 52 封信中，他提出五項指標性工作目標：

（一）積極提升兩廳院國際競爭力，其中又包含三項，分別是：

1.提升節目製作品質

2.加強硬體設備更新維護

3.與國際表演藝術界接軌。

（二）打造兩廳院成為全民共享的文化園區，破除一般民眾對國家藝術殿堂的刻板印象，讓兩廳院能更親民便民。

（三）推動兩廳院改制為行政法人，並順利完成相關改置作業，以保障同仁工作福祉。

（四）積極爭取經費預算，使兩廳院在充裕資金的支援下，能創造出「亞洲第一、世界一流」的優勢競爭條件。

（五）全面進行組織變革，扭轉兩廳院公務機關欠缺活力彈性的老大心態，讓藝術的專業面向擴及到藝術

---

7 朱宗慶從 2002 年 12 月 31 日至 2004 年 8 月 31 日，共發出 52 封信給兩廳院同仁，收錄於《行政法人對文化機構營運管理之影響》，朱宗慶著，民國 94 年 10 月初版，傑優文化事業有限公司發行。

的多元化服務的提供。[8]

他同時也勾勒出未來兩廳院追求的願景：

> 兩廳院應該是「全民共享的文化園區」，負有
> 拓展精緻表演藝術觀眾群的責任，並應以全國
> 人民為服務對象，如此才能使兩廳院成為民眾
> 文化生活之重心，以及國際文化櫥窗。

因此，在朱宗慶心中，兩廳院未來的畫面應該是：

> 有一天，我們都可以過著這樣的生活：隨時，
> 只要有空，都可以在兩廳院找到一齣好戲，或
> 一場值得聆賞的音樂會；節目散場了，還不急
> 著回家的人不必趕著離開，可以就在迴廊露天
> 咖啡座，和親朋好友一起品嘗咖啡，直到午
> 夜；而天氣好的假日，如果不想待在家中，兩
> 廳院的藝文廣場上總有適合全家共賞的戶外表
> 演活動；至於無法親自到場觀賞演出的人，打
> 開電視機或收音機，一樣可以看到，或聽到兩
> 廳院精彩節目的實況轉播。於是，可以不必再
> 羨慕別人有維也納歌劇院或林肯中心了，因為
> 我們有兩廳院。

---

8 出處同前註。

朱宗慶為兩廳院擘畫出未來方向與藍圖，成為之後多年中長程計畫及工作目標的主軸，包括：

1. 扎根國內 —— 自創節目之累積；
2. 立足國際 —— 國內外團體呈現；
3. 建立經典 —— 優質品牌形象樹立；
4. 營造園區 —— 全民共享之藝文場域。

接任的藝術總監平珩，認為兩廳院是「政府文化政策的重大託付」，她主張兩廳院最重要的文化價值在於：

1. 成為表演藝術創作發展最重要的推手與支持者；
2. 為表演藝術產業提昇提供重要資源；
3. 培養素質良好的聽、觀眾；
4. 成為表演藝術接軌國際的重要平台；
5. 提供國家重要的文化指標。[9]

陳郁秀擔任兩廳院董事長任內，曾就兩廳院全民共享的角色與定位，提出兩廳院現行功能是：

1. 展現精緻表演藝術的舞台；

---

9 平珩、鄭雅麗〈從跳板到平台 —— 兩廳院國際交流的案例與策略〉，《兩廳院 20 週年論壇台灣劇場經營研討會論文集》頁 27-29，2009 年。

2.悉心維護兩廳院的軟硬體；

3.從表演磁場到文化場域。

並進一步建議兩廳院應有的方向是：

1.節目規畫的演化與精進；

2.營造親和溫暖的空間氛圍；

3.尊重文化多元的社會環境[10]。

　　間接說明了其對於兩廳院主要任務與價值的看法，期許兩廳院成為「通往國際最美麗的台灣藝術之窗」。[11]

　　黃碧端以兩廳院董事身分轉職專任藝術總監後，延續文建會主委任內「一法人多館所」理念，主張兩廳院經營目標應加入「經驗傳承」一項，將累積二十餘年豐厚劇場管理經驗，歸納整理成系列課程，進行知識分享及傳承。與此同時，也帶動全民的提升，而最重要的任務也是讓國內優秀的表演團隊，透過兩廳院這個平台被看見，引介到國際舞台上。[12]

　　平珩在 2013 年 3 月回任兩廳院藝術總監，再度提出兩廳院的角色應該是扮演國家的「表演藝術研發單

10 陳郁秀《行政法人之評析－兩廳院政策與實務》頁 123-138。

11 〈國立中正文化中心董事長陳郁秀因為藝術，我和兩廳院結下二十年不解之緣〉，《表演藝術》2007 年 4 月號。頁 12-13。

12 〈兩廳院新任藝術總監黃碧端：長年的文化累積，造就兩廳院的競爭力〉，《表演藝術》2010 年 4 月號。頁 71。

位」，引進藝術價值高的演出爲國人開拓視野，並可透過國際共製，讓國內創作走上國際舞台。[13]

2013 年 7 月接替平珩的代理藝術總監李惠美，除了延續以往國際化及全民共享的方向，另外提出建置創意中心的構想，要開闢兩廳院自己的花園，期待兩廳院能成爲「台灣表演藝術家的培育花園」。[14]任期僅有一個月的代理藝術總監劉怡汝，提出未來兩廳院應該是「創意的平台」的主張，認爲兩廳院應該成爲台灣甚至亞洲的創意中心。[15]

2014 年 4 月國家表演藝術中心成立後，監督機關由教育部移轉到文化部，文化部長龍應台提出核心價值：「打造沃土」，期許國家表演藝術中心「一是開闊的國際視野，使得三大場館與國際充分接軌，二是董事會具有強大協調能力，賦予各場館總監最大的揮灑空間，三是落實政府政策，引進有想像力、不僵化的經營能力」[16]。國家表演藝術中心國家兩廳院的第一任藝術

---

13 〈再任藝術總監 開心回鍋兩廳院 平珩 期待分享更多、開創更多〉，《表演藝術》2013 年 5 月號。頁 96-97。

14 〈專訪兩廳院代理藝術總監 李惠美 營造創意花園 擦亮領導品牌〉，《表演藝術》2013 年 8 月號。頁 102-103。

15 教育部第 4 屆國立中正文化中心績效評鑑委員會實地訪視會議，2014 年 3 月 13 日。

16 〈專訪文化部長談表演藝術政策 —— 打造沃土是我們的核心價值〉，《表演藝術》2014 年 4 月號。頁 32-35。

總監李惠美更進一步為兩廳院立下「**建構臺灣表演藝術核心價值與典範，領導亞洲創意文化交流平台，輸出創新作品與世界對話**」的新願景。[17]

　　然而，與兩廳院息息相關的表演藝術界，又是如何看待兩廳院，早在兩廳院十五週年慶時，表演藝術界人士即曾紛紛提出期許：

> ……兩廳院，一直是帶動台灣表演藝術的火車頭。期望這列身負重任的長途列車能繼續前進，創造國內更優質的藝術環境。
>
> 　　　杜黑（台北愛樂合唱團指揮暨藝術總監）

> ……兩廳院一直是表演藝術團隊的最愛，是台灣表演－藝術國際化的交流平台，也是創新作品的實驗劇場。15 歲正是追求夢想的起始，在此轉型成長的關鍵，期待兩廳院能夠創意有效地實現「可親可近、優質品味、人才培育和知識經濟」的理想。
>
> 　　　　　　　　吳靜吉（政治大學）

> 我希望……讓兩廳院能夠充分發揮功能：在國內提升表演藝術的水平，豐富社會精神生活的內

---

17 國家兩廳院 20145 年工作計畫。

容；在國際上，以傑出的節目樹立台灣形象。

　　　　　林懷民（雲門舞集創辦人暨藝術總監）

兩廳院永遠是天馬的太空，眾生的花園。

　　　　　　劉鳳學（新古典藝術基金會創辦人）

……你是我們台灣表演藝術的櫥窗，在兩廳院，
台灣與世界接軌，我們都是在兩廳院長大的。

　　賴聲川（表演藝術工作坊暨創辦人暨藝術總監）

　　此外，表演藝術聯盟執行長于國華（2009）主
張，作為「台灣的櫥窗」的兩廳院的「文化定位」，必
須包含以下條件，以及必要的參考座標軸：

　　1.藝術政策的櫥窗，以及「文化觀照」之必要
　　2.從台灣觀察世界的櫥窗，以及「國際化」之必要
　　3.讓世界觀察台灣的櫥窗，以及「本土化」之必要[18]

　　而在員工和民眾的心目中，對兩廳院的想像又為何
呢？根據 2006 年兩廳院的「CIS 市場調查研究」，針

---

18 于國華〈榮耀的冠冕、繁榮的市集或台灣的櫥窗 —— 談兩廳院的
　文化定位〉，《兩廳院 20 週年論壇台灣劇場經營研討會論文
　集》頁 129-131，2009 年。

對內部工作人員、兩廳院之友及大台北民眾進行兩廳院形象調查，歸納出以下結論：

　　兩廳院工作同仁認為，兩廳院是「全民共享國際級表演藝術文化園區」；贊助商認為兩廳院是「國內外表演藝術交流的橋梁」；而表演藝術團體認為兩廳院是「刺激藝術創新，精緻文化的推手」。

　　但在消費者心目中，兩廳院提供的價值並不如此沉重嚴肅，是「放鬆自己享受心靈 SPA 的經驗」，功能包括：紓解壓力、教育功能、增廣見聞和洗滌心靈。

　　因此兩廳院在面對不同服務對象時，各有其不同功能、意義和面貌。對表演團體而言，他是一個可以刺激創新、提供資源和展演機會的舞台；對民眾而言，他是可以提昇品味、成長和愉悅的場所；對藝術經紀公司而言，他是一個擁有國際級專業設備及服務的劇場；對贊助商而言，　*"we are not asking for money, but sharing vision."*，藉由彼此品牌的相互加持，創造雙贏。但歸根究柢，兩廳院終極功能，仍然是在「創造藝術欣賞與交流的平台，推動台灣文化品質的提昇」，不論是面對世界的接軌或是對內表演藝術的扎根，兩廳院都必須扮演「推手」的角色，而兩廳院的核心價值即在於此。

第四章　產品與顧客

　　品牌力來自於產品力，產品品質對品牌有決定性的影響。兩廳院最主要的活動是演出，並發展出以演出為核心的衍伸性產品。

第一節　核心產品

　　國家兩廳院擁有四個室內表演場地：戲劇院、音樂廳、實驗劇場、演奏廳，以及戶外藝文廣場和生活廣場，其中室內場地 40%的檔期由兩廳院自行主辦節目，60%檔期出租給外界演出團體和經紀公司。

　　節目企劃是兩廳院的核心業務，其產品最主要是節目，依其規模及兩廳院參與程度之不同，又可分為單品創作、大型製作與策展節目。另有一類節目，兩廳院提供場地設備、服務給藝術家、經紀公司，並收取租金，稱作外租節目。

一、單品創作

　　表演藝術的特質之一，是在呈現上結合了不同個別創作者的作品。因此在各類節目中，有單純如鋼琴獨奏會，演奏者演出作曲家創作出來的曲目；也有複雜如歌劇（Opera）、音樂劇（Musical），統合了劇作家、作曲家、導演、編舞家、舞台、燈光、服裝設計家等等各領域創作者的創意結晶。創作單品是構成節目的要素，但在未經製作規劃等流程，呈現在舞台上演出之前，尚不能稱之為節目。

　　台灣的表演團體大多創辦人本身為創作者，例如，「雲門舞集」創辦人林懷民是編舞家及舞者，「表演工作坊」創辦人賴聲川是導演，已過世的「屏風表演班」創辦人李國修兼編導演於一身。部分歐美劇場也有長期合作的駐館藝術家，或藝術總監本身是創作者，例如柏林人民劇院（Berliner Volksbuehne）長期與導演法蘭克・卡斯多夫（Frank Castorf）合作。

　　兩廳院在 2015 年之前沒有設置駐館藝術家，也較少委託創作，近年執行的「兩廳院。樂典」[1]計畫，是少數的特例。

---

1 「兩廳院樂典」甄選及收錄國人當代優秀音樂創作，部分並發行CD。

　　單品創作日後如果公開發行或演出，極可能帶來權利金等收益。兩廳院目前這類的產品非常少，未來是否要往此發展，必須要從兩廳院本身定位及經營的角度去思考。以委託創作方式獲得作品，再評估是否有發展為製作的價值，是一種投資，也可避免貿然孤注一擲的風險，但前提是兩廳院未來是以製作為導向的劇場（Producing House），才有發展此類產品的必要。

二、自製節目

　　「製作」是指節目生產的過程及成果，它將藝術家的心血結晶，透過行政和技術的協助，具體呈現在舞台上。

　　如前所述，兩廳院沒有駐館藝術家或駐館團隊[2]，大部分節目係經由委託藝術家團體或個人製作的方式產生，或透過邀請、甄選，院方大多僅參與節目規畫之後的作業，作品版權大多屬於創作者所有。

　　但也有部分自製節目，如大型旗艦製作[3]，以及歌

---

2 國家交響樂團與兩廳院同屬一董事會，但財務及行政均獨立運作，也各自有藝術/音樂總監。
3 兩廳院自行製作的大型演出，早期如舞台劇《紅鼻子》，近期如：旗艦製作 2008 年歌劇《黑鬚馬偕》，2009 年舞台劇《歐蘭朵》、舞蹈《觀》，2010 年《鄭和 1433》、音樂劇《很久沒有敬我了你》、歌劇《畫魂》（國家交響樂團），2011 年音樂劇《茶花女》，2012 年舞蹈《有機體》、2013 年歌劇《落葉傾城張愛玲》、2014 年舞台劇《孽子》。

劇工作坊小型演出，都是從無到有由兩廳院主導製作演出。

　　大型節目製作流程繁雜，常需 1 至 2 年時間籌備，從決定題材、演出形式、合作對象（編劇、導演、設計者等）、人員分工（包括藝術創作群、藝術行政群、劇場技術群）、選角、排練、宣傳、售票到上台演出，其間須經多次大小型製作會議和技術會議。這樣的製作兩廳院擁有版權及發行權，也握有海內外巡演，以及開發衍生性產品如影音商品、專書、紀念品等的權利。

　　兩廳院 27 年來所累積的大小自製製作超過 30 齣，其品質經嚴謹管控，往往在推出當下引發話題，票房也多有佳績，部分更成為藝文界年度盛事。但表演藝術是時間的藝術，只存在於當下，場次和觀賞人次是支撐其經濟規模的重要元素。以此觀之，兩廳院自製製作的演出場次，即使包括巡迴演出也大多僅在 10 場以內，唯一例外是 2012 年的年度製作舞蹈《有機體》，和以街舞（hip-hop）起家的法國知名舞團 ── 卡菲舞團（COMPANY KÄFIG）跨國合作，藉由其編舞家 Mourad Merzouki 和卡菲舞團在歐陸的知名度和網絡，成功推向歐洲，並持續在全球巡迴演出，至 2013 年已演出 65 場。

　　即使這些自製的製作品質精良，所費不貲，但大多

曇花一現的原因，在於兩廳院本身沒有駐館團隊，臨時招募的演出者或合作團隊，如果沒有事先約定，之後的重演或巡迴將困難重重。此外，題材選取不以大眾市場為導向，而注重藝術性與創新啟發，較形成叫好不叫座情況。

三、策展節目

策展節目是兩廳院的主力產品，通常是以單場、系列或藝術節方式呈現。

兩廳院主辦的節目，除前面所述的自行製作外，絕大部分是透過邀請、甄選、委託製作而來。邀請演出的對象不限於台灣，但絕對是藝術上達到一定水準並具代表性的，像是兩廳院每年都會邀請「雲門舞集」在戲劇院發表年度新作，國外節目如「巴伐利亞交響樂團」、馬林斯基劇院芭蕾舞團《天鵝湖》、膾炙人口的音樂劇《歌劇魅影》等，皆為兩廳院邀請安排來台的演出。每年也舉辦「樂壇新秀」、「新點子劇展/舞展」[4]等甄選或邀請中小型團隊演出。

在這類節目中，兩廳院所負責的是策展──「設計菜單」的角色。兩廳院選擇並購買節目，進行包裝行

---

4 前身為「實驗劇展/舞展」，透過甄選發掘有潛力藝術家，近年改為以邀約方式進行。

銷，但通常不介入製作過程。選擇的比例原則是國內節目佔 70%，國外節目佔 30%；又依照個別節目的性質、效益、回收率等不同，區分爲實驗創新類 35%，精緻經典類 30%，市場大眾類 20%，教育推廣類 15%[5]，依此比例調配「菜色」。

　　歷年來的策展節目，會依不同類別或特定主題作規劃，其中較具代表性的有：

（一）「台灣國際藝術節」（Taiwan International Festival of Arts, TIFA）

　　自 2008 年開始舉辦，在每年 2-3 月舉行，是一綜合性質的藝術節，內容囊括音樂、戲劇、舞蹈，入選作品必定十分優異。藝術節發起時，以「未來之眼」作爲主題，強調「創新」精神，因此每屆固定安排 1-2 檔全球首演國內大型新製作；國外節目也以亞洲首演，或已獲得世界重要藝術節邀請之優秀製作爲主。雖然與其他國家藝術節相較十分年輕，但已獲得普遍認同與極佳口碑，2009 年平均票房 90%，2010 年平均票房達 97%，2010 年平均票房更高達 98%，之後每年票房亦均維持在 90%以上。

5　此爲 2012 年節目製作比例，各類型節目比例，依各任藝術總監政策不同而有所調整。另外自製節目也含在這項比例中。

（二）「夏日爵士音樂派對」

自 2003 年起，每年 8-9 月舉辦，為兩廳院經營最久的品牌節目，已累積廣大爵士樂迷，也是國內年度爵士盛事，2009 年起除音樂廳外，並同時在藝文廣場同時安排戶外演出。

（三）「國際劇場藝術節」

自 2002 年起，每兩年舉辦「國際劇場藝術節」，於 5 月至 6 月舉行，特色為引薦國際前衛創新戲劇節目，因此演出場地多在實驗劇場。

（四）「舞蹈秋天」

自 2005 起年開辦，已成為兩廳院系列性品牌節目之一。每屆邀集國內外創意前衛舞團，演出新編或經典的舞作。藉由本系列的演出，已為國內愛好舞蹈觀眾介紹許多世界當代著名舞團，並為兩廳院開發許多現代舞的新觀眾群。2010 年起，調整於 10、11 月演出，更名「舞蹈秋天」，並改為隔年推出的雙年舞展。

（五）「世界之窗」

自 2003 年起開辦，以國家或特定區域為主題，策

劃邀請該國/區域最具特色團體演出，並介紹其相關知識，過往曾舉辦英國、法國、俄羅斯、德國、日本、西葡等系列。2013 年舉辦最後一屆比利時系列之後已停辦。

其他如「樂壇新秀」、「新點子劇展」、「新點子舞展」等，在觀眾心目中已累積相當口碑，也各有忠實目標觀眾。

兩廳院主辦的節目，由藝術總監掌控其藝術品質，另外董事會也設有「藝術委員會」，針對策劃方向提供建議，每筆演出費用必須經過節目經費評估會議審核，大型或系列節目甚至須得到董監事會的認可。基本上，兩廳院策畫節目大多非以市場導向，而是以品質精緻或對國內藝術界是否具啓發推廣正面影響力爲考量。在票價規劃上，雖然力求收支平衡，但定價與經紀公司相較仍屬實惠，加上多種折扣優惠[6]，在市場上十分具有競爭力。

因爲自籌款的壓力，年度整體節目票房被要求要有40%以上的回收率，在須兼顧推廣精緻藝術、提供有潛力藝術家發表機會等等公共任務情況下，設計一份既營養又美味的創意「菜單」，是節目企畫的重要工作。

---

6 凡兩廳院主辦節目，提供學生購票 8 折、軍警及榮民 9 折、65 歲以上長者 5 折等購票優惠，並定量提供身心障礙席票券。

四、外租節目

　　非由兩廳院主辦的節目通稱為「外租節目」，佔全年度 60%檔期。針對租用單位經紀公司或演出者，兩廳院擔任房東角色，提供演出場地、前後台服務及部分宣傳管道。但即使是主辦者自行負擔所有成本的外租節目，要在兩廳院演出，也必須通過嚴格的品管機制：節目評議會議（演出前），現場節目評鑑（演出時），節目評核會議（演出後）。由於兩廳院檔期僧多粥少，每一個申請租用檔期的節目都必須送入評議會議，經過評分、淘汰、競爭評比才能獲得檔期，因此兩廳院提供類似「東森嚴選」般的品質保證，不夠專業及過去紀錄不佳的團體很難得到演出機會，一般觀眾對於在兩廳院演出的節目期待及滿意度亦較高[7]。

第二節　其他衍生產品

　　為了讓演出順利進行，並進一步提供更多的服務，兩廳院發展出節目之外的其他業務，這些業務或產品都

7　兩廳院每年針對演出節目進行評鑑委員及一般觀眾的滿意度調查，無論是主辦節目或外租節目，分數都高於 80 分。

與節目息息相關。

一、代售票券服務

　　「兩廳院售票系統」是台灣第一家以電腦選位出票方式代替人工劃位印票的售票模式，開發動機來自於本身四個演出場地（共約 4000 席）大量的票券需求，初始服務對象僅限於兩廳院主辦節目，1996 年開始，增加以其他演出團體為對象提供票務處理的代售服務。之後陸續改善服務功能，如語音購票（1992）、購票刷卡機制（1996）、與元碁合作網路售票（2000）等。

　　2003 年，是兩廳院售票系統發展上頗具關鍵性的一年，由於將以網路售票業務為主的「元碁售票系統」（成立於 1998 年）併入旗下，並與宏碁公司結盟開發新版售票系統，版圖急遽擴增，不僅實體分銷點通路（不含超商）從原先 20 家增加到 240 家[8]，之前元碁售票的客戶跟隨人員的移轉，大多由兩廳院接收，因此兩廳院售票服務對象也從原本單純的表演藝術活動，拓展到演唱會、球賽、展覽等其他非表演類的活動，網路會員亦急速累積增加。與「年代售票系統」（成立於

---

8 早期兩廳院售票是封閉的 DOS 系統，因此無法藉由網路擴充分銷點，合併後接收原元碁售票全省 200 餘家分銷點，大部分為書局、音樂教室等。

1991 年）為目前國內兩大售票系統。[9]

二、舞台技術服務

後台服務主要在演出時提供舞台方面技術上的支援，針對演出提供舞台技術人力和設備方面之服務，通常分為舞台、燈光、視聽三部分。即使一般中型以上演出團體（尤其是舞團和劇團）本身聘有專業舞台技術人員，如：技術總監、舞台監督，由於對各演出場地設備操作不盡熟悉而需要諮詢及執行方面的協助。兩廳院演出技術團隊的專業程度，在目前國內演出場館中可說是數一數二。

由於其實務經驗中知識含量高，其相關專業知識是兩廳院珍貴的智慧財，也是國內新興場館取經的對象。

三、觀眾服務

劇場「前台服務」指演出時針對觀眾提供的驗票、領位、寄物等服務，而兩廳院的前台服務並不僅限於演出時，也包括平常時段劇場營運時民眾所需的各項服務，包括節目諮詢服務、售票服務、客訴處理、參觀導覽、動線規劃等與客服相關的工作。如同後台服務，兩

---

9 目前台灣除兩廳院售票系統、年代售票系統，尚有寬宏、博客來、統一 ibon、全家、華娛、元氣等多家經營售票業務。

廳院的前台執行經驗同樣在國內業界已建立相當口碑，
並因應新舊場館的需要，提供相關訓練課程。兩廳院長
期在前台禮儀規範的堅持與推動，不僅在台灣建立起前
台管理上的典範，也培養出素質極佳的觀眾。

四、周邊商品

　　周邊產品一般分作兩大類，第一類為「節目衍生性
商品」，例如節目單、影音光碟、紀念品－最常見為節
目單、Ｔ恤、馬克杯等。此類商品特點為因應節目而產
生，因此銷售期必須配合演出期間，商品壽命與銷售量
往往與演出檔期長短、場次、觀眾多寡息息相關。兩廳
院大型主辦節目才會製作相關商品，然而缺乏長年演出
的定目劇，演出檔期過短無法達到經濟規模，演出結束
後熱度消退容易造成滯銷。因此兩廳院此類商品製作量
極小，全然無法與國外連演數年的製作（例如百老匯音
樂劇）相較。當然節目本身知名度吸引力也影響商品銷
售，2006 年音樂劇《歌劇魅影》來台演出，節目本身
強大的品牌力帶動了相關商品空前之銷售量，其象徵魅
影的面具或玫瑰圖騰，對戲迷具有無可抵擋的魅力。因
此當時流傳一句戲言：只要是印上魅影面具 logo 的商
品，再無用的東西都賣得出去。

　　第二類「兩廳院形象商品」，主要銷售對象為觀光

客，其特色是設計上以兩廳院爲主題，此類商品多以兩廳院建築外觀或景觀設施作爲圖像素材，例如兩廳院屋瓦整修時所遺的屋瓦碎片、神仙走獸製成的紙鎮裝飾。此類商品與兩廳院品牌有絕對密不可分的關係，可以說兩廳院的品牌力直接影響此類商品的銷售量。最顯著的例子，雪梨歌劇院的高知名度，加上雪梨本身觀光實力，即有效帶動歌劇院白色風帆屋頂圖像的紀念商品的銷售。2013 年寶塚歌劇團在國家劇院演出，引發瘋狂粉絲大排長龍搶購紀念商品的熱潮，也是消費者對該品牌高度忠誠的具體表現。

第三節　內外部顧客

　　企業品牌功能的展現，可從外部及內部兩個面向來探討，外部顧客一般指消費者，對這類顧客而言，品牌通常是「品質」的保證，精神的依歸，不但滿足消費者心理及物質上的需求，也節省其資訊搜尋成本。而內部顧客，可以是員工，也可以是股東，品牌的意義往往與信念、向心力聯結，並伴隨著更高度的期待。本節重點在說明兩廳院服務對象爲何，及品牌功能針對不同對象所產生的影響。

　　兩廳院爲行政法人，「政府」是最重要的資源提供者，不同於民間企業有所謂股東、投資人。因此嚴格而

論，兩廳院的內部顧客除所有員工外，還包括政府所選聘的董監事會成員。

在兩廳院的經營模式中，同時包含 B to B 和 B to C 的成分，因此外部顧客，有屬於 B to C 的一般觀眾及民眾，和 B to B 的表演團體、經紀公司，以及因贊助、慈善等活動所接觸的企業。

一、觀　眾

作為表演藝術中心，兩廳院首要的服務對象是觀眾。每年大約有 70 萬名觀眾到兩廳院四個表演場地欣賞售票演出，尚不包括十數萬計參與免費戶外表演以及巡迴演出的觀眾。

客服組，是兩廳院面對觀眾的第一線窗口，提供各類服務，如：演出前的節目諮詢，進場時驗票、領位、前台管理，演出後客訴處理等。而觀眾購票時，主要是透過「兩廳院售票系統」，因此，客服人員的專業與否以及購票介面的流暢性友善度，是觀眾與兩廳院品牌近身接觸的重要印象。

在顧客管理上，「顧客關係管理系統」（Customer Relationship Management, CRM）扮演著重要角色。由於兩廳院本身為演出場館，又經營售票系統、兩廳院之友會員等，透過 CRM，兩廳院已能掌握到主要表演

藝術消費者[10]的基本資料，並建立起有效溝通管道。

　　而觀眾對節目的選擇，通常第一考量並不是主辦者為誰，主辦單位是兩廳院還是藝術經紀公司，對消費者而言並沒有多大差異。較大差異在接收節目資訊的管道及會員優惠上有所出入，而觀眾對是否購買藝文票券主要的考量點，還是在於節目本身、票價，以及演出場地。

　　根據 1996 年兩廳院所作的客群分析報告指出，觀眾選擇是否購票的原因，前三項依序為：

增加自己喜歡的表演藝術類別與節目（38.9％）
多邀請自己喜歡或知名的藝術表演團體（28.8％）
有時間就會去（28.4％）

　　其他則有：票價降低（17.9％）、多發布表演活動訊息（10.8％）、改進場地硬體設備（5.6％）、增設接駁公車（3.9％）、周邊附屬機能增加（1.8％）、購票途徑更多元（1.6％）、改進場地服務人員態度（0.8％）。

　　第一項「節目內容」和第二項「演出者」都和演出內涵相關，共佔 67.7％，可見節目本身是否投其所

---

10 至 2013 年底，兩廳院售票系統會員達 815,986 名；兩廳院之友達 25,406 名。

好，是吸引觀眾參與最關鍵性的因素。

　　而兩廳院如何對觀眾行銷節目？一般市場上消費者在選擇產品時，基本上會經過〞AIETA〞的幾個階段：

　　知曉（Aware）→產生興趣（Interest）→評估（Evaluation）→試用（Trail）→採用（Adoption）。

　　在第一階段的傳達訊息上，兩廳院節目宣傳多數透過固定宣傳通路作訊息露出，如屬於大眾媒體的兩廳院官網、月節目簡介、兩廳院售票系統、PAR 表演藝術雜誌、記者會、新聞稿，以及近年十分熱門的facebook 等，並且依個別節目特性選擇不同媒體與對象作分眾行銷，而此時顧客關係管理系統即為篩選發送電子報名單提供了重要的功能。

　　表演藝術很難像一般消費性商品般提供試用，像是最常見的食品、保養品、衛生用品等，但兩廳院也努力嘗試多種推廣方式，達到讓觀眾「體驗」的效果。例如在公共場域或官網等管道播放預售節目的演出精彩片段，引發觀者興趣並體驗部分內容；「藝術宅急配」邀請演出者到學校或企業演講示範，短短 40 分鐘的「管風琴推廣音樂會」，「藝術零距離圓夢專案」邀請從未進過兩廳院的特定對象欣賞演出等等，都有可能吸引到未來真正有興趣的購票觀眾。

　　由此可知，節目的策劃行銷和專業劇場服務，是兩廳院對觀眾展現品牌影響力的兩大途徑。

　　觀眾因品牌走進兩廳院，然而，觀眾本身對於兩廳院的品牌塑造有影響嗎？答案是肯定的！過去不乏國際知名在兩廳院演出的表演團體曾公開表示，台灣觀眾的熱情而專業，讓他們印象深刻，並且因此願意再次到台灣演出，可知觀眾對劇場品牌加持的效果亦不容忽視。

二、民　眾

　　「全民共享的文化園區」，期許兩廳院不僅是專業表演場地，同時也是民眾、觀光客有興趣造訪的地點。兩廳院明清式宮廷建築外觀，極具特色的觀眾席、水晶燈、管風琴、濕壁畫、樂俑雕塑、蘭花牆等硬體設施，以及背後的掌故趣聞，是吸引民眾、觀光客參加導覽的重點。

　　除此之外，2003 年開始，兩廳院積極招商開設駐店，先後引進福華飯店、誠品書店、春水堂等[11]，使兩廳院與美食、休閒生活產生連結，加上週末戶外廣場經常舉辦的免費活動，許多人造訪兩廳院不再只為觀賞演

---

11 至 2014 年 8 月，兩廳院有 13 家簽約駐店：福華大飯店劇院軒、誠品書店（含怡客咖啡）、哈比屋音樂盒、三卡寶、甘泉藝文沙龍、咖啡芭蕾、閔的古典音樂世界、貝克父子提琴店、春水堂人文餐飲、集地咖啡、摩斯漢堡及歐特儀公司（停車場）。

出。

　　這些造訪兩廳院的民眾包括觀光客和一般當地民眾，他們的需求與目的通常有所不同。對觀光客而言，兩廳院極具特色的建築外觀很有吸引力，但與 101 大樓、故宮博物院、中正紀念堂等超級地標相較，兩廳院的代表性和知名度仍然不足。雖然位處著名地標中正紀念堂旁，觀光客即使「順道」造訪，但也多僅限於在外圍拍照。而由於兩廳院的節目，即使是戲劇院也是幾乎每周換檔，音樂廳更不用說，每天都有不同節目上演，迥異於紐約百老匯、倫敦西街等定目劇院，觀光客會特別針對某個製作專程造訪；或是柏林愛樂、維也納愛樂或大阪寶塚劇場等，有世界知名駐館演出團隊的劇場音樂廳[12]。兩廳院與此類消費群的接觸，主要還是透過交通部觀光局與台北市觀光傳播處官網等涉外事務管道，並結合附近景點規劃給觀光客參考的建議路線。

　　不同於淺嘗即止的觀光客，有更多不為看演出，也不為參觀富麗堂皇建築，而僅是來兩廳院周邊「活動」的民眾。清晨在迴廊練舞或做早操的老人家、傍晚在廣場練氣功跳街舞的社團、來兩廳院逛誠品聚會吃飯的上班族、假日帶孩子在生活廣場戲水的家長、

---

12 兩廳院有國家交響樂團（National Symphony Orchestra, NSO），全年演出約 70 場。

在大小森林散步休憩的養生族，交織出造訪兩廳院民眾的多元面貌。

根據 1996 年的市調報告中指出：來兩廳院從事活動選項以「做運動」（46.1％）佔大多數，其次才是「參加戶外活動/看演出」（36.3％）、拍照（4.9％），以及逛書店（4.5％）、喝咖啡（3.9％）、練啦啦隊（1.2％）等。

對這類民眾來說，兩廳院是一個活動「場所」，兩廳院主辦甚麼節目並不是他們最關心的事。反之，提供多元化的週邊服務以及友善環境，才是這個客群關心的項目。而這類民眾所接觸的兩廳院窗口，除了客服人員外，更可能是散布在劇場建築四周及園區的保全人員。

三、藝術家

國內外各類演出團隊及藝術家，是兩廳院非常重要的服務對象之一，藝術家們或是接受兩廳院邀請，或是以租用單位場地方式來劇院或音樂廳演出。

受邀到兩廳院演出的作品，有些是已完成甚至演出過的成功製作重演，邀演的國外節目大多屬於此類，像是台灣國際藝術節邀請德國碧娜‧鮑許舞蹈劇場（Pina Bausch Tanz Theater）演出《水》、《穆勒咖啡館》、德勒斯登交響樂團等；也有可能是由兩廳院出全

額或部分資金的新製作，國內團體的演出多屬此類，像雲門舞集自 1993 年開始，每年的新製作必定在國家劇院作世界首演[13]。純邀演與共同製作的合作條件十分不同，前者兩廳院僅需負擔演出費或部分重製費用，後者就必須負擔製作所需的種種設計製作費用，當然，兩廳院相對擁有的權利也就不一樣。

　　無論以何種方式邀請演出，兩廳院都會投入或多或少的行銷成本（投入多寡端視參與程度而定），以確保票房收入及上座率。但即使是投入諸多人力物力資金等成本，以品牌經營角度，對外界一般觀眾而言卻加分有限，因為觀眾選擇節目，選擇演出者，卻不會去在意主辦單位是誰。雲門舞集的演出，觀眾購票的動機來自於雲門舞集或林懷民，而非主辦單位，沒有人在意策劃者是兩廳院、文化部還是台北市政府？

　　尤其在兩廳院製作或出資委託製作的作品獲得某種獎項時，誰代表領獎，以及獎金的分配，往往出現尷尬議題。兩廳院無論在策展或節目製作上，如何與演出單位維繫良好關係並共享品牌權益，共存共榮，是一個重要的課題。

---

13 1993 年 8 月，雲門舞集復出後首度公演《九歌》，在國家戲劇院首演。

四、場地租用單位

這類顧客在專業程度上要求高，對價格也十分敏感。由於兩廳院目前仍是台灣最專業並具有國際水準的場地，場地租金又遠低於成本及國際間其他同等級表演場地價格[14]，因此在僧多粥少供不應求狀況下，仍屬賣方市場。

不論是藝術經紀公司或是演出團體，申請租用兩廳院演出檔期都需要在一年前提出申請，經過嚴格的事前評審，另有現場評鑑作為下一次申請的參考，節目在評議會[15]上的分數決定了獲得檔期的機率。

每個月兩廳院都會定期召開會議，就每檔節目的前後台服務、行政流程作檢討。而租用單位在每檔節目結束後，也都會接受對兩廳院的滿意度調查。

兩廳院曾在 2006 年委託政大商學院民意與市場調

---

14 以音樂廳論，國家音樂廳（2070 席）假日晚間時段（4 小時）為新台幣（下同）95,000 元；東京 Suntory Hall（2006 席）同時段為 450,880 元；新加坡濱海藝術中心音樂廳（1614 席）同時段為 158,322 元；美國林肯中心 Avery Fisher Hall（2738 席）同時段為 361,688 元。

15 兩廳院的節目評議制度行之有年，目的是為藝術品質把關。起初所有節目都必須送評議會審查，之後兩廳院主辦節目的品管責任交由藝術總監，評議會議僅需審查外租節目。評議會議由業界學者、評論家、表演者等組成，分成西樂、國樂、舞蹈、戲劇、傳統戲曲等五組，名單每年更新一次。

查研究中心針對 330 家場地外租單位進行滿意度調查[16]，以了解外租單位對兩廳院場地設備租用申請情況、節目評議作業、節目首批開放檔期之排檔作業、節目候補檔期之排檔作業以及節目資訊之公開等之看法，其結果大多十分正面。

　　除了演出場地之外，兩廳院的劇院音樂廳大廳、交誼廳、廣場等非演出空間，也開放給外界申請租用。這部分申請案在內容審核上便不那麼嚴苛，只要不是有妨害風化、涉及政治（唯一例外的是，還沒有開放拍婚紗照），或可能損害到場地設備，在申請上都不困難。這部分顧客大多是公關公司為製造或代理商舉行新品發表會，或演出團體、贊助商舉辦演出酒會。

　　場地租用單位除在意費用、環境及設備外，租用行政流程的友善度和服務完整性，也是影響對兩廳院觀感的關鍵。

五、贊助企業

　　1993 年兩廳院成為全國第一個行政法人，自此經營上不再由政府負擔全額支出，而是必須有固定比例的

---

16 2006 年 12 月《國立中正文化中心「外租單位場地設備申請之滿意度調查」結案報告》國立政治大學商學院民意與市場調查研究中心，調查時間：2006.9.29-10.31。

自籌收入。在這樣的環境及條件下，企業贊助業務應運而生。

最大宗的贊助一般來自於對節目的贊助，尤其是特定節目的冠名贊助，例如 2006 年轟動一時的音樂劇《歌劇魅影》，台灣賓士與台新金控即為主要贊助商。之後台灣賓士長年冠名贊助「兩廳院夏日爵士派對」[17]，台新金控也是 2010 年「台灣國際藝術節」的主要贊助者，之後每年的「台灣國際藝術節」也都有企業贊助的身影。[18]

節目屬性、知名度、票房、公眾露出效益及品牌結合程度，是贊助商決定是否贊助的考慮因素，當然，企業主的個人偏好往往也是關鍵。尤其面對本土企業，「由上而下」的運作方式，才是省時省力又有效的作法。對於贊助商的回饋，演出票券自然是大宗，其次是各類媒體、宣傳品上的露出，以至於首演酒會、專屬紀念品等等。

兩廳院在 2006 年的「CIS 市場調查研究」中，曾經針對贊助商作意見調查。當時贊助對兩廳院的期許是「國內外表演藝術交流的橋樑，希望可以「帶給民眾更

---

17 台灣賓士公司自 2007 年到 2014 年，持續不斷冠名贊助「兩廳院夏日爵士派對」。

18 2011 年「台灣國際藝術節」由合作金庫作為主要贊助，2012 至 2014 年主要贊助都是 JTI 傑太日煙。

優質、國際化的節目」，卻認為當時的兩廳院是「角色複雜的表演藝術中心」，「行政效率不高、體制大」。與國內其他爭取贊助的經紀公司相較，兩廳院的確體制大、層級多、決策慢，往往影響贊助洽談的效率。此外，兩廳院的「國家」招牌，給予外界資源無虞的印象，也降低企業贊助的意願。

兩廳院節目品牌和贊助商的企業品牌結合，通常可以透過許多不同的「聯結點」。像是台新銀行（2009）及合作金庫（2010、2011）作為台灣國際藝術節的主要贊助，是以節目性質與企業形象的媒合作為聯結；而台灣賓士以「不安份的藝術靈魂」作為slogan，長期贊助「兩廳院夏日爵士派對」（2008-2014），原因是爵士樂的瀟灑不羈性格吻合賓士產品部分轎車形象（如 E-class）的市場訴求；另外有以演出團體作聯結，來自美國的舞團會請美商贊助，來自德國的樂團則邀請德商贊助，例如法國巴黎銀行（BNP Parbas）曾贊助法國普雷祖卡現代芭蕾舞團《白雪公主》（Ballet Preljocaj－*Snow White*），瑞士信貸（UBS）贊助范歐塔與瑞典室內樂團（Anne Sofie von Otter & Her Merry Swedish Gentlemen）。

除了上述大型節目贊助外，「藝術零距離－圓夢專案」計畫的小額捐贈，也是兩廳院另一形態的贊助來

源。只是捐助款項必須作為邀請特定對象（通常是弱勢團體）來兩廳院欣賞演出之用。

　　一般而言，企業在贊助議題上的心態，除了節稅、社會回饋、員工教育等等外，最重視的往往是該企業透過贊助案在社會觀感形象上的提昇。因此也可以說，在兩廳院所有的外部顧客中，他們是最在意兩廳院品牌效益的一群人。

六、售票系統客戶

　　「兩廳院售票」系統成立初期，主要服務對象是本身主辦的節目，隨著藝文市場的日漸擴大，以及電腦售票方式的普及，市場需求日益增加，1996 年開始，兩廳院發展非主辦節目的票券代售業務，主要客戶是國內藝文表演團體及經紀公司，代售節目也以表演藝術為主，未涉足娛樂或流行產業。1993 年與元碁票務系統合併後，許多原先委託元碁售票的客戶，如流行演唱會、運動賽事、電影等，隨之轉移兩廳院售票，服務內容及對象也因之擴大，不再局限於藝文界。目前售票系統客戶約 400 家，由於「兩廳院」形象及行銷通路，仍以表演藝術產業居大宗。

　　兩廳院售票系統曾在 2011 年針對客戶進行滿意度調查，代售單位對於兩廳院售票的各方面滿意度皆達

80％以上，尤其對「服務態度」最為滿意。[19]

七、會　員

「兩廳院之友」為付費制會員，詳細介紹詳見第四章第三節「兩廳院品牌產品」，相較於一般觀眾，其對兩廳院具有一定忠誠度，並為中度以上之表演藝術愛好者。

八、內部顧客

（一）董監事會

依據設置條例規定，兩廳院設有董事會並置董事長一人，由行政院長就董事人選聘任，綜理董事會業務。另置董事 15 人，監察人 3 人，由監督機關提名，經行政院長聘任。

董事會的職掌是核定行政團隊所提出的年度工作方針、預算、重要規章，以及審議營運計畫與目標、決算

---

19 根據問卷調查之客戶分析，客戶對兩廳院售票各項滿意度為：
節目資訊呈現方式：滿意度 84％；
購票步驟流暢性：滿意度 88％；
折扣設定方式：滿意度 80％；
緊急處理之回覆效率：滿意度 83％；
付款速度：滿意度 85％；
工作人員服務態度：滿意度 98％。

報告等，以及藝術總監之任免。其成員是由政府機關代表、表演藝術領域學者、文化教育界人士、民間企業管理專家，或對兩廳院具重大社會貢獻的社會人士所組成。

董監事基本上為無給職，每季固定召開會議，審訂重要計畫並給予專業建議。兩廳院自 2004 年改制為行政法人後，已歷經 5 屆董事會及 6 任董事長[20]。

董監事會成員雖是由官方派任，但大多為與表演藝術關係密切或熱心於藝文之人士，本身亦具備相當專業知識及社會網絡，有奉獻時間、知能的意願，因此對兩廳院已有相當的認同感。在品牌的營造上，董監事本身的社會地位與聲望，即與兩廳院產生品牌加乘的效果，即使不需參與規劃執行，但以其對兩廳院政策、方向的瞭解，卻可以提供具觀照性的建議。

（二）員　工

兩廳院改制後，人員進用鬆綁，具公務員身分的員工順利移撥至其他公營單位，因此目前兩廳院絕大多數人員不具公務人員資格，其進用與聘僱方式也與一般民營企業無異。

---

20 國立中正文化中心的歷任董事長為：邱坤良、吳靜吉、陳郁秀、郭為藩、朱宗慶；國家表演藝術中心第一任董事長為陳國慈。

　　與一般企業相較，即使薪資並不特別優渥，但兩廳院本身所具備的國家表演藝術殿堂形象，往往吸引了不少期待穩定、單純工作環境的人員投入；此外，部分藝術科系畢業及藝文愛好者，也將進入兩廳院工作視為最佳職涯規劃。兩廳院的員工集中在廳院內工作，少部分同仁派駐在中南部辦事處[21]，內部訊息的溝通，除了每週一次一、二級主管的業務會議之外，多倚賴內部網站和電子郵件。由於人數並不龐大且工作地點集中，營造組織文化並不困難，但在久未積極經營狀況下，使員工對於兩廳院的認同與對核心價值的瞭解成效並不理想。

21　「兩廳院售票」在台中、高雄、台南分別設置辦事處，服務當地演出團體及表演場館。

第五章　品牌經營現況

第一節　過去相關市場調查及結果

　　國家兩廳院在近十年間，曾經委託外界專業顧問公司，針對消費客層及形象知名度，進行過三次相關市場調查研究專案，分別是 2005 年的「客群分析研究」、2006 年的「CIS 市場調查研究」，以及 2008 年的「兩廳院形象認知調查」，以下將針對這三次調查的目的、內容及結果敘述如後：

一、2005 年「客群分析研究」[1]

　　兩廳院在 2004、2005 年間（2004.12.27~2005.1.7）進行「客群分析研究」，以「居住於大台北都會區[2]，年齡在 15-65 歲」的民眾為對象，用電話訪

---

1 兩廳院於 2004 年委託東方線上公司調查研究案。
2 所謂的大台北都會區，指的是：「台北市 12 個行政區」與「台北

問方式進行調查，就其日常欣賞表演藝術的態度與行為
作分析研究。當時研究目的主要在於：

（一）瞭解大台北地區「會前往兩廳院欣賞藝術表
演者」的人口比例與相關行為特性。

（二）將「會前往兩廳院欣賞藝術表演者」與「對
藝術表演相關活動的興趣程度」兩者整合後
依程度分層，以瞭解各層的人口特性、需求
與生活形態，抓出主要開發的目標客群，以
作為兩廳院在計劃提升來客數時之參考。

　　全案調查結果描述與分析以「整體趨勢」、「客
群屬性分析」、「各職業屬性分析」、「認知差異分
析」、「潛力地區分析」及「藝術表演人口生活形態
分析」等單元呈現，研究重點主要在於客群屬性的分
析研究。

　　在「整體趨勢」方面，調查結果認為，大台北地區
15-64 歲民眾對欣賞藝術表演活動的態度，是能否增加
兩廳院客群的「基本面指標」。若從此角度來看，大致
而言，欣賞藝術表演活動的基本面條件仍算不錯。從
「未來欣賞藝術表演活動頻率增加的可能性」、「對藝

縣板橋、三重、新莊、中和、永和、新店、汐止、淡水等鄉鎮
市」。

術表演活動的各類與整體興趣」、「帶家中 12 歲孩童欣賞藝術表演活動的意願」等面向來看，大致都呈現「正向偏弱」的態度。所以整體而言，大台北地區 15-64 歲民眾不但對於藝術表演活動的興趣是存在的，而且未來至少在心理面上也願意多去接觸這一類的活動，甚至也願意帶下一代多去欣賞這一類的活動。這樣的基本條件，對於包括兩廳院在內的各個同類型表演場所機構都是有利的。

　　而兩廳院本身是否能在這樣的基本條件下，從各競爭場館中脫穎而出？答案是肯定的。從受訪者自己認定最常去的表演場所與最喜歡去的表演場所來看，兩廳院都與第二名的國父紀念館有相當的差距。所以在表演場地的這個市場，兩廳院不僅是市場佔有率的龍頭，也是心理佔有率的霸主。

　　而要如何擴大此項優勢，調查報告建議可以從兩個角度來觀察：第一是在欣賞藝術表演的人口中，吸引較多的人前來兩廳院；另一則是擴大基本盤，增加欣賞藝術表演的人口。從第一項來看，兩廳院自己可以掌握的擴大其優勢的方式，主要仍是在「節目安排方式」，其次則是「票價降低」與「多發佈表演活動訊息」。若是從第二項的角度，可以發現難度較高，因為有最多的受訪者，認為「自己有時間」，才是最有可能提高其欣賞

藝術表演活動的原因。

　　在調查重點「客群屬性分析」方面，調查者依據調查對象欣賞表演藝術活動的興趣及參與頻率，將大台北地區 15-64 歲人口分作「重度使用族」、「淺層開發族」、「中層開發族」、「底層開發族」、「勉強族」、「冷漠族」及「絕緣族」（客群屬性分析架構詳見附表），其中非常具有開發潛力的「淺層開發族」與「中層開發族」合計約佔了全體受訪者的 35%，因此，兩廳院在未來客群的開發上，仍然有相當的成長空間。

　　從各客群的人口特徵中，可以隱約地發現幾個具關鍵影響力的變項：首先，對藝術表演活動感興趣的各客群，女性的比例均較高；第二、在各開發族之中，開發程度愈難的客群，年齡就愈大；第三、在各開發族之中，開發程度愈難的客群，台北市居民所佔比例就愈低。即使連對藝術表演相關活動興趣較低的「勉強族」，台北市居民所佔比例亦較高；第四、在各開發族之中，開發程度愈易的客群，學生比例相對較高，愈難則家庭主婦比例愈高；第五、欣賞藝術表演活動頻率較高的「重度使用族」與「勉強族」，其收入比其它各客群要來得高。第六、在各開發族之中，開發程度愈難的客群，教育程度就愈低。

　　由此可初步歸納出，能同時符合「女性、年齡較

輕、高教育程度、學生、居住在台北市、以及收入較高」等條件的人，是兩廳院較易開發的重點對象。

各客群在欣賞藝術表演活動的態度上，幾乎都呈現了差異。從「未來欣賞藝術表演活動頻率增加的可能性」、「對藝術表演活動的各類與整體興趣」、「帶家中 12 歲孩童欣賞藝術表演活動的意願」等面向來看，均呈現從對藝術表演活動興趣與至兩廳院欣賞藝術表演活動頻率最高的「重度使用族」，至興趣與頻率最低的「絕緣族」，逐級而降的情形。這對於兩廳院來說是有利的。因為對兩廳院的重點開發客群：「淺層開發族」與「中層開發族」，其基本面所呈現的優勢，相對比其它客群要來得更高。

若個別觀察兩廳院在各客群心目中，是否為最常去與最喜歡的表演場所，可發現兩廳院的優勢仍然存在：無論是就最常去或是最喜歡的表演場所，在「淺層開發族」與「中層開發族」中都是以兩廳院的比例為最高。主要的問題是出現在「底層開發族」，其最喜歡的表演場所已被國父紀念館所取代；最常去的表演場所，其排名更掉到了第四。

雖然在重點開發客群：「淺層開發族」與「中層開發族」的優勢存在，但到了「底層開發族」之中則消失了。因此接下來需瞭解吸引「淺中層開發族」的原因，

與不吸引「底層開發族」的原因。從各客群在提高至兩
廳院欣賞藝術表演活動頻率的原因上來觀察，可發現
「重度使用族」與「淺層開發族」主要認為「改進節目
安排」有可能使其提高欣賞藝術表演活動的頻率，其餘
因素相對比例較低；「底層開發族」主要考慮「自己有
時間與否」，其次則是「改進節目安排」與「票價降
低」；「中層開發族」的比例分佈則大約介於淺層與底
層之間。換言之，對於「底層開發族」而言，其年齡較
長，在職業上又以家庭主婦與事務職為主，所以家庭與
工作已佔去其時間的大部分，所以「自己有無時間」這
個結構性問題，是影響其前往兩廳院的最關鍵因素。但
「自己沒有時間」只能解釋去兩廳院的頻率下降，但卻
無法解釋為何最常去的變成國父紀念館，甚至最喜歡的
場所也絕非是兩廳院。這個因素就是價格與表演類別。
雖然對「淺中層開發族」而言，「改進節目安排」也是
他們所重視的因素，但由於其至兩廳院欣賞藝術表演活
動的頻率還算高，最喜歡的表演場所也是兩廳院，所以
表示現階段兩廳院的節目安排，至少是大台北地區幾個
表演場所中最令其感到最滿意的；但對於「底層開發
族」而言，「改進節目安排」與「票價」都是他們所重
視的因素，但其去兩廳院的頻率卻很低，最喜歡兩廳院
的比率又少，那就表示現在的票價與表演類別較不具吸

引力了。此外，對於藝術表演活動興趣較低但欣賞頻率卻高的「勉強族」，則比較有著湊熱鬧的心態，因此「多邀請自己喜歡或知名的團體」對其來說是最重要的原因。

　　若仍是從：第一、在欣賞藝術表演的人口中，吸引較多的人前來兩廳院；第二、擴大基本盤，增加欣賞藝術表演的人口，來觀察各群在「擴大優勢」上的可能性。可以發現從第一項來看，在「淺中層開發族」當中，兩廳院自己可以掌握的擴大其優勢的方式，是以「改進節目安排方式」為主。若是從第二項的角度，要擴大基本盤，主要的目標對象應該是「底層開發族」與「觀望族」，這兩群在可能提高欣賞藝術表演活動頻率的誘因中，最重視的是「票價降低」與「有時間就會去」，其次則是「住家附近有表演場地」以及「多發佈表演活動訊息」。若對比「底層開發族」與「觀望族」一個月在藝文展覽與藝術相關表演活動的實際花費與願意花費，也約有 500 多元的進步空間。換言之，若要從擴大基本盤而又不影響表演品質的角度來看，兩廳院應該要另闢戰線，針對這一客群以家庭主婦為主的屬性，深入社區「多發佈表演活動訊息」，在節目安排上可能要以社區、地方行的表演藝術為主，並「降低票價」。如此較有可能吸引到此一客群。但如果另闢產品

線的結果會影響到兩廳院的整體評價，則建議應還是將
重點放在從「欣賞藝術表演的人口中，吸引較多的人前
來兩廳院」的策略。也就是將重點放在「淺中層開發
族」身上。

　　此外，之前有無學習過聲樂、樂器、舞蹈、戲劇等
藝術相關表演活動或參加過相關社團，與各客群之間有
相當明顯的漸層關係。從欣賞頻率與興趣皆高的「重度
使用族」，至欣賞頻率與興趣皆低的「絕緣族」，有過
相關經驗的比例逐級而降。可見擴大基本盤的思考點，
應該還是要從政府與社會面的角度來進行。

　　在「職業屬性分析」上，「專門技術職」欣賞藝術
表演活動的頻率最高，去兩廳院欣賞藝術表演活動的頻
率也最高，但其比率僅在各職業中排名第六，表示其欣
賞藝術表演活動時的場地選擇相對其它職業而言，兩廳
院被替代的可能性是比較高的。從這個角度來看，在各
職業別當中，「管理職」、「服務銷售職」與「家庭主
婦」的表現較好，兩廳院被替代的可能性相對較低。特
別值得注意的是「高中職學生」，其欣賞藝術表演活動
的頻率為第二名，可是在比率上卻為倒數第二。表示與
其它職業相比，「高中職學生」欣賞藝術表演活動時相
對較不會選擇兩廳院。但無論如何，各職業別在最常去
與最喜歡的表演場所上，兩廳院都是名列第一，所以兩

廳院領導品牌的優勢並未改變。

對藝術表演有興趣的人口，在生活型態上，又擁有以下幾種特質：藝文資訊高敏感度、風格品味重視度、重視開源消費與享受的金錢觀、對健康的重視、科技生活習慣、顛覆傳統的婚姻子女觀、憂患貶抑的思維。

以下摘錄這份調查報告中，涉及兩廳院知名度與喜好度幾項較值得注意的調查數據。

●問題：對「兩廳院」一詞的認知程度

☆回答統計：不知道有簡稱（88％）

　　　　　　知道有簡稱（12％）

　　　　　　知道稱為「兩廳院」（84.9％）

　　　　　　知道，但簡稱不正確（15.1％）

●問題：欣賞藝術表演最常去的的場所

☆回答統計：兩廳院（55.1％）

　　　　　　國父紀念館（34.6％）

　　　　　　社教館（13.5％）

　　　　　　其他選項包括：中山堂、台北新舞臺、一般校園、北縣文化局演藝廳、台灣藝術教育館、華山藝文中心、藝大展演中心、敦南誠品、牯嶺街小劇場、臨界點生活劇場等。

●問題：欣賞藝術表演最喜歡的場所

☆回答統計：兩廳院（46.9％）

　　　　　不知道（13.2％）

　　　　　國父紀念館（12.8％）

●問題：提高到兩廳院欣賞表演藝術活動頻率的誘因

☆回答統計：增加自己喜歡的表演藝術類別與節目
（38.9％）

　　　　　多邀請自己喜歡或知名的藝術表演
團體（28.8％）

　　　　　有時間就會去（28.4％）

　　　　　其他：票價降低（17.9％）、多發布
表演活動訊息（10.8％）、改進場地
硬體設備（5.6％）、增設接駁公車
（3.9％）、周邊附屬機能增加（1.8
％）、購票途徑更多元（1.6％）、
改進場地服務人員態度（0.8％）

●問題：在兩廳院周邊活動經驗與最常從事活動項目

☆回答統計：無活動經驗（44％）

　　　　　有活動經驗（56％）

　　　　　做運動（46.1％）

　　　　　參加戶外活動/看演出（36.3％）

　　　　　拍照（4.9％）

　　　　　其他：逛書店（4.5％）、喝咖啡

（3.9％）、練啦啦隊（1.2％）。

●問題：可能提高欣賞藝術表演活動頻率的誘因

☆回答統計：有時間就會去（35.2％）

　　　　　增加自己喜歡的表演藝術類別與節目（23.4％）

　　　　　多邀請自己喜歡或知名的藝術表演團體（18％）

　　　　　其他：票價降低（15.5％）、多發布表演活動訊息（13％）、住家附近就有表演場地（10％）、表演場地設施完善（7.6％）、購票途徑更多元（2.4％）。

　　2005 年的這次市調，就兩廳院未來客群分析，以及努力方向作出相當具有建設性的建議。而在品牌經營上，從這份報告上更可以看到值得關注的幾個重點：一、即使在大台北區，也僅 12％人口知道「兩廳院」，知名度偏低，顯示「兩廳院」品牌經營在廣度上的不足；二、知道兩廳院的群眾，絕大多數可以正確認知「兩廳院」此一簡稱，「兩廳院」在藝文消費人口中已累積品牌力；三、與其他表演場館比較，兩廳院仍擁有領導品牌的優勢。

　　然而，畢竟這份調查報告距今已歷時久遠，與今日現況已有所差距。此外，客群屬性分類中，從「淺層開發族」至「觀望族」，都可以算是潛在開發對象，此族群雖對藝術表演活動有興趣，卻不常來兩廳院欣賞，有可能是比較常去其他表演場所，或是根本不常去任何表演場所。但因其比率高達 75%，非常值得深究，如能找出個別誘因，對症下藥，將是未來極大的新觀眾來源。

附表：調查報告客群屬性分析架構

客群分類	對各類藝術表演活動的興趣	至兩廳院欣賞藝術相關表演活動的頻率	特質分析&建議	占總數比率
重度使用族	高	高	此族群不但對藝術表演活動有興趣，而且來兩廳院欣賞的頻率也很高，因此在行銷策略上，應瞭解其對兩廳院滿意及不滿意的地方，應繼續維持其忠誠或增加其前來的頻率。	7%
淺層開發族	高	低	此族群不但對藝術表演活動有興趣，而且來兩廳院欣賞的頻率還算高，所以是最容易提升其忠誠，或刺激其前來的一群。	25%
中層開發族	高	低	此族群對藝術表演活動有興趣，但來兩廳院的頻率略低，屬於第二容易刺激其前來的一群。在確定了其前來頻率較低的原因後，即可對其需求改進。	10%
底層開發族	高	低	此族群對藝術表演活動有興趣，但來兩廳院的頻率極低，較不易刺激其前來。	13%

觀望族	高	低	此族群對藝術表演活動有興趣，但從未去欣賞過任何表演，極不易刺激其前來。	17%
勉強族	低	高	此族群對藝術表演活動的興趣不大，但卻常來兩廳院欣賞表演活動。代表有一些其他的因素使其會來這邊欣賞活動。若可以找出來的因素為何，就可從此去引發其對藝術表演活動的興趣。	2%
冷漠族	低	低	此族群對藝術表演活動的興趣低，也不常來兩廳院。可能要從相關生活形態去瞭解有沒有刺激其前來的可能。	5%
絕緣族	低	低	此族群對藝術表演活動的興趣低，也從未去欣賞過任何表演活動。應該不需在此族群上費力。	21%

二、2006 年「CIS 市場調查研究」[3]

這是兩廳院近年來規模較龐大且完整的一次市場調查，訪問對象十分全面，包括兩廳院指導單位（教育部次長）、其他利害關係人（學術界顧問、贊助商、表演團體、媒體等）、兩廳院主管（董事長、總監、副總監）、工作同仁代表（部室主管代表）、兩廳院之友（分會員及非會員）及大台北民眾（有效樣本 1072份）。本次研究可視為兩廳院為企業識別體系更新的前

---

3 兩廳院於 2006 年委託特一國際設計有限公司調查。

置作業，其調查動機與目的，分為對內與對外兩部分：

　　對兩廳院內部：

　　　　形塑中心統一的視覺形象，以作為品牌推廣之依據

　　　　中心同仁共同學習品牌的應用與品牌知識的傳遞

　　　　凝聚同仁共同價值觀

　　　　塑造中心內部企業文化

　　對兩廳院外部：

　　　　建立中心品牌核心價值

　　　　市場（品牌）定位明確化，以提昇自我競爭力

　　　　建構品牌對外一致的視覺形象

　　　　增進有形及無形品牌資產價值

　　　　運用品牌核心訊息與顧客溝通，提昇品牌形象與認知，成為消費者偏好的品牌

　　在兩廳院品牌形象部分，該調查針對上述相關對象，就目前現況的認知及對未來的期待，分別透過訪談歸納出下表：

對兩廳院目前定位及品牌認知

對象		目前中心定位	目前品牌認知	目前品牌個性	目前中心需改進之處
中心內部	經營高層(包括指導單位、顧問)	國際級的表演藝術中心	正在轉型中、越來越好的地方；但是一般人仍會覺得兩廳院**是個遙遠的地方**		指標上有改善空間同仁需要再了解自己對中心的價值與意義
	中心主管	台灣第一的表演藝術中心	與民眾有距離、**不易親近**	穩重、嚴肅、**不易親近**、有包袱在身的人	與新舞台相比，**服務較無彈性**、流程較多
	全體同仁	法人化後正在改變的文化中心	努力成長、改變、脫胎換骨	本身是個穩重保守、**不易親近的人**，卻同時努力要擺脫這樣舊有的自己	N/A
中心外部	顧客 兩廳院之友	國家級、專業的表演藝術中心	台灣最好的表演場地可以區分兩廳院主辦的節目**卡級越高越覺得服務不夠熱誠親切**，卡級較低者則覺得服務很好、親切	尊貴具有權或領導氣勢的人**解決客戶問題時沒有彈性**	月節目簡介資訊重複且不易查閱、寄送時間不準確、售票網站介面設計難以操作、駐店設計與風格需改善
	顧客 一般會員	國家級的表演場地	主要的認知為場地的提供者；不在意兩廳院是否為節目主辦單位	沒有特殊感覺	吃東西不方便、要等很久、很貴；駐店空間設計不佳
	顧客 非會員	N/A	N/A	N/A	N/A
	其他利害關係人 贊助商	角色複雜的表演藝術中心具有推廣、教育、租借場地、自製節目的地方	所有表現均受國家政策的影響，導致不積極、沒有彈性並善用既有的豐富資源	不積極、**沒有熱忱做事沒有彈性的人**	**行政效率較不高**、體制大
	其他利害關係人 表演團體	台灣最TOP的表演藝術中心	**中心是個遙遠的地方**	N/A	目前在台灣沒有競爭者，導致沒有進步

對兩廳院未來定位及品牌的期待

對象		未來中心定位	未來品牌認知	未來品牌個性	未來中心的服務
中心內部	經營高層（包括指導單位、顧問）	全民共享的國際級表演藝術文化園區	高品質、**專業**、且具台灣特色的國際級表演藝術平台	具國際視野、**有創意**、熱愛藝術的人	可接近性的服務態度 服務內容與品質要從廣度到深度
	中心主管	亞洲表演藝術中心	跨國合作表演指標館所、亞洲或世界首流；**親和的、服務的、創意的藝術中心**	**親切、活潑開朗、熱情有理想的人**	顧客導向
	全體同仁	國際級表演藝術機構	國際的、親和的、**創意的、服務的、多元的藝術人文中心**	親和、有活力、有熱忱，並且具有**創新思維的人**	提供多元的服務
中心外部	顧客 兩廳院之友	世界級的專業表演藝術中心	提供"國家級'專業的品質內容與服務	有理想、愛藝術、感動人心的人 且具備**專業能力的人**	藝文氣息的環境營造
	顧客 一般會員	國際級的表演藝術中心	具備問題解決的應變能力	愛藝術、有熱情、世界觀	針對會員提供更多的專屬優惠 增設簡餐、速食的駐店
	顧客 非會員	國際級的表演藝術中心	提供**親切**且禮貌的服務	具有世界觀、愛藝術、**專業的人**	藝文氣息的環境營造
	其他利害關係人 贊助商	國內外表演藝術交流的橋樑	國際且具備**多元特質**的地方	有活力、不停前進的人	帶給民眾更優質、國際化的節目
	其他利害關係人 表演團體	刺激藝術創新、精緻文化的推手	**多元**且**活潑**的表演藝術中心	**親和、服務、有創意的人 用心且做事精準(專業)**	技術與配合度的強化 給顧客更貼心的服務

　　調查中另設計了一個十分有趣的問題，就是若將兩廳院擬人化，受訪者又會用何種詞彙，來形容表達其心目中兩廳院的理想性格。其結果如下表：

	中心主管		中心同仁		兩廳院之友	一般會員	非會員
未來期望的中心形象	國際的(7) 服務的(5) 人文的(3) 表演產業(3)	藝術的(6) 親和的(5) 文化的(5) 創意的(4)	國際的(133) 人文的(57) 服務的(51) 表演產業(48) 多元的(48)	藝術的(89) 親和的(75) 文化的(74) 創意的(62)	感動人心的(12) 文化性的(12) 多元的(12)		N/A
希望未來中心是一個怎樣的人	親和/親切 專業/效率 理想/抱負 世界觀 高雅 熱情 活潑/開朗		親和的(20) 活力的(12) 創意(11) 創新(10) 多元的(9)	熱忱的(8) 前瞻(8) 活潑的(7) 積極(4) 專業(4)	有理想的人(57.7%) 專業的人(51.3%) 愛藝術的人(44.2%) 具世界觀的人(41.7%)	愛藝術的人(58.2%) 有熱情的人(50.5%) 是世界觀的人(47.8%)	具世界觀的人(53.8%) 愛藝術的人(50.1%) 專業的人(47.9%)

　　此外，調查針對兩廳院主管及同仁，就品牌形象、組織變革、中心節目、設施、顧客服務等項目分別進行訪談，整理歸納出意見並作分析及建議。

項目	中心主管	全體同仁	分析/建議
品牌形象	目前：不易親近的地方、穩重；轉變中未來：國際的、藝文的、親和的、服務的、創意的	目前：保守穩重、不易親近；不過正在改變成長未來：國際的、藝文的、親和的、創意的、服務的、多元的	大體上，主管與同仁對中心目前與未來的形象看法差不多。"國際的"與"藝文的"為基本調性，其他還包括：**親和、創意、服務。**員工同時提出："多元的"
組織變革	主管對中心改制後可提升工作效能的認同度尚可(僅**60%**的主管認同效能的提昇)；但**100%**的主管均期待改制後有創新的策略	僅有**52%**的同仁認同中心改制後有提升工作的效能；不過約有**78%**期待未來的創新策略	程度上來看，主管比同仁更認同改制後的工作效能提昇與期待創新策略，此部份差距仍需進一部探討，以真正提高組織效能
中心節目	70%的主管同意中心節目是有吸引力的，且同樣**70%**的主管覺得票價對於觀眾來說是合理、可以負擔得起的	63%的同仁認同節目對觀眾具有吸引力，不過僅有**50%**的同仁同意票價是合理的	1.**中心節目吸引力部分，約有1/3的人認同度較低**，因此如何提高節目吸引力是未來強化的工作。2.票價部分，主管與同仁認知差異較大，此部份在未來票價制定上應針對目標群眾做合理的定價，以吸引更多的人進入兩廳院看戲
中心設施	**全部主管(100%)同意**中心的設施為世界級、高品質的表演館所	有**20%**的人不表意見或不同意中心是世界級、高品質的表演服務機構	**應先了解這20%的人的想法，並於後續針對同仁加強對中心的品牌認同**
以客為尊	主管**全部認同**中心每個人都是提供顧客價值的重要成員，且有**9成**的人知道消費者意見的重要性	多數同仁(**93%**)認同中心每個人都是提供顧客價值的重要成員，且**83%**的同仁知道消費者意見的重要性	**僅有少數同仁對於顧客導向的觀念表示沒有意見或不同意**，這部分則需透過後續的教育訓練與溝通，提高少數人此觀念
顧客服務	主管僅有**7成**同意目前的服務是以"顧客為導向"的	同仁僅有**75%**的人同意目前的服務是以"顧客為導向"的	中心主管與同仁對於"顧客導向"的觀念有相當高的認知，不過在實際提供給顧客的內容上，卻仍有相當的差距；這也是未來需繼續努力的地方

項目	中心主管	全體同仁	分析/建議
民眾不購票之原因	中心主管**7成**覺得民眾不來購票的原因為"**看不懂**"，僅有**4成**認為與"**不親民**"形象相關	同仁在這部分的意見沒有明顯聚焦	同仁有可能不清楚觀眾不來購票之原因，或是覺得可能有其他因素，例如票價設定或本身興趣等原因；此部份則需在未來行銷調查中進一步深入了解
標誌修正	7成主管贊成修改標誌	45%的同仁希望修改標誌 55%的同仁不希望修改標誌	相較於主管多數均贊成修改標誌的需要，同仁對於修改標誌的意見各半；此部份需納入民眾之意見作為參考以決定是否修改
名稱修正	**9成**主管支持沿用"兩廳院"作為別稱	**85%**的同仁支持沿用"兩廳院"作為別稱	在未來確認將沿用"兩廳院"作為中心簡稱，並將同時進行相關註冊事宜
視覺象徵(目前品牌個性)	音符、臉譜、**鳳凰**、飛行的**鷹**、**長頸鹿**、**獅子**	花(26)：包括向日葵(6)、百合花(5)、梅花(3)、荷花(2)、蘭花(2) **大樹**(11) **大象**(5) 龍(4) 馬(3)、蝴蝶(3) **老鷹**(2)、**鳳凰**(2)、狗(2)	對於中心人的感覺，覺大多數人聯想到的動物與**權威、高貴感覺、或是穩重(亦或笨重?)**的感覺有關，例如：龍、鳳、獅子、老鷹，與大象、長頸鹿。不過也有不少同仁認為中心像**孕育後代的大樹**一樣 因此在未來，中心是否要保有這些形象的哪些特質，則需再做評估與調整
品牌個性(期望)	**親和/親切**　　高雅 **專業/效率**　　熱情 **活潑/開朗**　　理想/抱負 世界觀	**親和**(21)　**熱忱**(8) 活力(12)　前瞻(8) **創意**(11)　活潑(9) 創新(10)　積極(4) 多元(9)　專業(4)	中心主管與同仁對於未來品牌的個性，共通點為： **親和、熱忱(熱情/理想)、活潑開朗** "**專業**"雖主管與同仁均提到，但次數並沒有太多 "**創新**"與"**創意**"在同仁的總數比例相當高

　　在觀眾心目中，來兩廳院欣賞節目最大的目的為何？調查結果是紓解壓力，其次是教育功能及增廣見聞（如下表）。

選項	兩廳院之友	一般會員	非會員
教育功能	16.3%	14.8%	24.1%
抒解壓力	48.7%	62.1%	37.6%
社交活動的一部份	3.1%	1.6%	3.0%
激發創意創造力與想像力	2.0%	2.7%	7.3%
尋求刺激感	0.0%	0.0%	0.2%
知識的累積	7.0%	1.1%	4.7%
增廣見聞	12.7%	6.6%	8.0%
洗滌心靈	2.5%	4.4%	9.5%
品味與地位的象徵	1.7%	0.0%	0.4%
工作或課業需求	1.4%	1.6%	1.7%
無	0.3%	0.5%	0.6%
其他	4.2%	4.4%	3.0%
總計	100.0%	100.0%	100.0%

　　更有超過半數希望觀眾，期望兩廳院未來節目的走向是：引進「國際知名的表演」。

選項	兩廳院之友	一般會員	非會員
闔家同歡的	**15.2%**	**25.3%**	**25.6%**
國際知名的表演	**59.2%**	**52.2%**	**55.3%**
展現本土文化特色	2.8%	3.3%	3.2%
傳統文化的展現	0.8%	0.0%	1.9%
創新前衛的	5.9%	5.5%	4.1%
精緻藝術的	8.2%	3.3%	5.0%
其他	7.9%	10.4%	3.0%
拒答	0.0%	0.0%	1.9%
總計	100.0%	100.0%	100.0%

　　在觀眾心目中，期望兩廳院擁有的人格特質，依序
是：「愛藝術的人」、「具世界觀的人」、「專業的
人」。

選項	兩廳院之友	一般會員	非會員	總體平均
有理想的人	**57.7%**	39.0%	37.4%	44.4%
有抱負的人	30.7%	17.6%	24.3%	25.3%
專業的人	**51.3%**	31.9%	**47.9%**	**46.3%**
高貴的人	6.2%	6.6%	2.8%	4.6%
平易近人的人	31.5%	24.2%	35.1%	32.1%
具世界觀的人	**41.7%**	47.8%	**53.8%**	**48.8%**
愛藝術的人	**44.2%**	58.2%	50.1%	**49.5%**
有熱情的人	33.0%	**50.5%**	31.4%	35.2%

　　本次調查的重點之一，即是針對兩廳院企業識別設計進行訪談，以作為更新識別系統的依據。因此也針對中心內外部相關人士，就兩廳院目前視覺識別設計感受，及對未來理想中的企業視覺設計作訪談調查，其結果如下表：

對象			目前視覺形象	未來視覺形象
中心內部	經營高層(包括指導單位、顧問)		複雜、古典、穩重、保守	展現"台灣"特色的表演藝術形象 LOGO顏色是淺色的、明度高的
	中心主管		古板、太硬	活潑、與表演藝術契合、高品質的
	全體同仁		55%的人對目前logo很滿意不想更改	45%的員工希望能更改既有的logo
中心外部	顧客	兩廳院之友	具有中國傳統工藝或政府/公家單位的感覺 嚴肅、不活潑、保守	簡潔，能展現中心特色的造形
		一般會員	傳統中國風	世界的、藝術化
		非會員	N/A	N/A
	其他利害關係人	贊助商	中國傳統味、顏色單調、線條複雜、不好記憶	具國際觀、現代感的東方元素
		表演團體	N/A	避免殿堂元素 抽象的幾何造型、讓人有想像空間

　　中心內部相關人士大多認為目前的識別設計給人感覺是「複雜、古典、保守、古板」，而希望未來朝向「明度高、淺的顏色」以及可以「展現台灣特色、活潑、與表演藝術契合」方向改善。而中心外部人士則認為目前的設計偏向「中國傳統味、嚴肅、保守、複雜、公家單位的感覺」，希望未來朝向「簡潔、國際觀且具現代感的東方元素、抽象造型（有想像空間）的方向改善」。可說內外部對目前兩廳院識別設計觀感相當一致，認為有改善的空間。

　　這份調查報告也就當時兩廳院識別系統歸納出相關問題，並提出改進建議：

　　一、現況問題：

　　（一）標誌方面

1、舊標誌造型源自中正紀念堂的基地八角形而設計，與國家戲劇院及音樂廳目前形象不能相襯。

2、原標誌太複雜、太古典、太莊嚴、太沉重。

3、造型予人太古板、保守、宮廷意味濃。

4、予人公家機關之感。

5、造型及色彩太硬、不活潑、不夠新、沒有活力，不適合表演藝術的創意與創新。

6、標誌內細節太多、太複雜，縮小看不清楚。

（二）名稱方面

1、「國立中正文化中心」沒有標準字，故在應用時未
　　能有一致形象。

2、英文全稱太長，且「蔣介石」英文不易讓年輕人與
　　表演藝術有關聯性想法。

3、「兩廳院」之別稱在坊間被使用已久，但其為非正
　　式名稱，故別稱應再深入考慮之。

　二、改進建議

1、標誌經重新定位，確定主要目標及潛力目標客層後
　　再設計之。

2、中文名稱暫不改變，但可重新設計標準字。

3、英文全稱建議修改，以契合目前中心之定位發展。

4、中文別稱再深入思考是否沿用。

5、英文別稱待中文確定後，再決定是否重新命名。

　　　兩廳院的英文正式名稱是「National Chiang Kai
Shek Culture Center」，多數人士認為應有其他更適合的名
稱如：「National Cultural Center, Taiwan （Taipei）」、
「National Taiwan Cultural Center」、「National
Performing Arts Center, Taiwan」或「National Theater
& Concert Hall」。

　　　而中文別稱「兩廳院」，多數人認為可以維持，或

是強調其位階為「國家兩廳院」。英文別稱「National Theater & Concert Hall, NTCH」，則可以改為「National Twin Theater」或「National Twin Halls, Taipei（Taiwan）」

綜合本次調查訪談，兩廳院在品牌議題上的結果如下：

未來品牌形象

基本調性：國際的、藝文的

新增調性：親和、創意、服務、（多元的）

組織改革內部推動

中心全員普遍願意與支持中心的改革

因此在未來，除了主管之外，更需加強與員工的溝通，讓他們可以實際參與，並了解中心變革之原因與考量點，以提高變革之有效性與向心力。

標誌修改之意願

中心主管普遍傾向修改標誌；但約半數員工不願意修改需再將民眾之意見與未來中心之品牌形象納入考量以做決定

中心別稱

「兩廳院」之別稱普遍受到中心主管與同仁的支持沿用，因此中心內部確認將沿用此別稱，並於未來與外部消費者溝通時直接使用此別稱，包括 logo

的設計上直接使用此別稱。

品牌個性

目前：權威、高貴、穩重、孕育下一代

未來：親和、熱忱、活潑開朗、創意/創新、專業

中心對觀眾的價值

「紓解壓力」、「教育功能」、「增廣見聞」或「洗滌心靈」

　　這份 8 年前所作的市場調查，雖然與今天相隔已時日已久，但亦具備相當程度代表性。而 2014 年成立的國 家 表 演 藝 術 中 心 （ National Performing Arts Center），以「國家兩廳院」及「National Theater & Concert Hall」作為過去國立中正文化中心（兩廳院）的新中英文名稱，確實也無意間呼應到了這份市調的結果。

三、2008 年「兩廳院形象認知調查」[4]

　　兩廳院 2008 年擴大區域範圍，針對大台北地區、桃竹地區、大台中地區與大高雄地區民眾，調查兩廳院的知名度及指明度，以及相關活動的認知。

---

4 兩廳院於 2008 年委託觀察家行銷研究公司調查研究案。

此次調查內容較單純，分為五大項目：

（一）兩廳院的知名度及指名度

（二）對各項表演活動、出版品、商品服務

（三）對兩廳院的形象認知

（四）表演活動消費情形

（五）對售票系統的認知度

調查結果歸納整理如下：

1、表演活動

（1）民眾接受表演活動相關資訊的管道：

「電視」（63.8%）是最多人接受表演活動訊息的重要管道，其次是「網路/電子報」（27.9%）。

（2）表演活動的市場規模：

全體受訪者當中，有22.5%曾經花錢買票進場欣賞表演活動（約 245 萬消費人口）。而其中有 39.1%曾經購票進入兩廳院觀賞節目，換言之，近兩年內約有 96 萬人曾經購票進入兩廳院欣賞演出，而其中絕大多數是大台北地區居民。

（3）表演活動的消費者輪廓

學歷是判斷個人是否屬於表演活動消費群的最重要變數；尤其是具備大學（含）以上學歷，居住在大台北地區、或女性等要素者，成為表演藝術活動消費者的機率都相當高。而兩廳院購票觀眾群（近一兩年曾購票進

場觀賞者），尤具有「雙高」特徵：學歷高（大學或以上學歷），以及年齡高（50歲以上）。

（4）偏愛的表演活動類型

受消費群喜愛的表演活動類型依序為：演唱會、樂器演奏、歌劇/音樂會、戲劇、舞蹈和傳統戲曲。

（5）對表演活動售票系統的認知與評價

無論是知名度或使用率，「年代售票系統」都高於「兩廳院售票系統」。

2、對兩廳院的認知度

（1）兩廳院的指名度與知名度

兩廳院知名度達 87.6％，低於國父紀念館（96.5％）和台北小巨蛋（92.5％），但指名度卻高達 39.6％，即在不提示表演場所的名稱的情況下，能夠說出「兩廳院」的人數比例為 39.6％，高於位居第二的台北小巨蛋（22.1％），其中尤以大台北地區受訪民眾可以不經提示說出「兩廳院」的人數比例達 51.6％，明顯高於大台中、大高雄及桃竹地區。

（2）兩廳院導覽活動的知名度

知道兩廳院的民眾當中，有 22.8%知道兩廳院有提供導覽服務。而具有地緣關係的大台北地區則有 30.8%知道兩廳院有這項服務。

（3）兩廳院重要活動知名度

　　知道兩廳院的民眾當中，有 56.6%知道一項以上兩廳院重要表演活動，不過知名度都不及三成，其中以「國際劇場藝術節」、「藝像台灣系列」和「廣場藝術節」知名度最高。

3、兩廳院消費群

（1）知道兩廳院的民眾當中，有 25.5%表示最近兩年內曾經去過兩廳院。從受訪者居住區域來看，越往南走就越少人曾經來過兩廳院，至於他們來兩廳院的主因則是「觀賞表演」和「休閒活動」。

（2）兩廳院消費群的主要輪廓

40 歲以上且大學（含）以上學歷女性，以及 15-19 歲/30-39 歲且具有大學（含）以上學歷的白領上班族最可能成為兩廳院消費者。

4、兩廳院各項商業服務的指名度和知名度

（1）在不提示店名的情況下，這些過去一兩年曾經去過兩廳院的民眾當中，77.5%無法說出兩廳院內的任何一家商店。至於說得出名字的商店，以「誠品書局劇場生活店」比率最高，其次是「福華劇院軒」、「春水堂人文茶館」、「兩廳院紀念品店」和「摩斯漢堡音樂廳生活廣場」。

（2）這些曾經去過兩廳院的民眾當中，81.2%無法說出兩廳院需要再提供哪方面的服務；少數提到的服

務當中，以「餐飲」的比率最高。

　　5、兩廳院的企業形象

　　知道兩廳院的民眾最認同的，就是「可以在兩廳院觀賞到第一流的國際性表演節目」，其次依序是「兩廳院是很好的休閒去處」、「兩廳院提供很多機會給台灣的表演團體」、「兩廳院把台灣的表演活動介紹給全世界」、「在兩廳院，每個人都可以找到自己喜歡的表演節目」、「兩廳院的表演節目票價很合理」、「很多特殊的表演活動，只有在兩廳院才看的到」。

　　6、兩廳院刊物

　　（1）知道兩廳院的民眾當中，85.8％不曾看過「月節目簡介」 或「PAR 雜誌」。而「月節目簡介」的閱讀率明顯高過「PAR 雜誌」。

　　（2）對「月節目簡介」的內容介紹與說明，滿意度達 81.6％，對編排方式，滿意度達 76.7％。

　　（3）看過「PAR 雜誌」的讀者當中同意這份刊物是台灣重要專業表演藝術雜誌的比率達 62.3％。

　　兩廳院從 2003 年到 2008 年，知名度明顯提升。2003 兩廳院指名度僅 12％，到 2008 年已達 39.6％，大台北地區甚而達 51.6％。除兩次市調方式不同之外，行政法人後的兩廳院，組織明顯活化，開始重視公

關行銷，對外公眾形象提昇，也是原因之一。

　　然而，以上所列舉的市調，即使是最近的一次也已距今 5 年餘，5 年之間，不論是兩廳院知名度、認知度、客群結構、觀眾消費習慣，或內部本身對未來發展的想像，應該已有所不同。因此，惟有再度啟動市調，才能掌握最新的資訊。

第二節　名稱及企業識別符號（1987-2013）

一、名　稱

　　以「兩廳院」相關字彙作為關鍵字，在 Google 進行搜尋，「兩廳院」的筆數遠超過「國立中正文化中心」，一般媒體報導及文章論述也習用「兩廳院」[5]。即使「國立中正文化中心」是官方正式名稱，卻不敵「兩廳院」這個簡單具親和力的通稱。無可否認，在台灣，「兩廳院」已成為專業表演場地的同義詞。

　　正式的公文書、合約、名片等官方文件或代表身分時，兩廳院的名稱是「國立中正文化中心」；但在官

---

5 例如較近期的：劉育東〈建築獎在兩廳院頒獎，該有多好！〉，《遠見雜誌》2014 年 2 月號。

網、facebook、節目名稱、相關產品等與一般大眾接觸面較廣泛之處，便以普及的「兩廳院」或「國家兩廳院」行走天下。因此目前情況是兩個名稱會因應不同場合及需求而並行使用。

「國家表演藝術中心設置條例」通過後，「國立中正文化中心」名稱走入歷史，全面改用「國家兩廳院」，當然是更符合社會大眾的認知。

二、院　徽

兩廳院院徽的設計者是凌明聲。在其創意說明中，曾表述設計理念：

> 圖案採兩廳院建築紋飾，加以簡化若石拓花朵，其
> 多采多姿意寓表演藝術（戲劇），下方五條
> 線，不但是西方樂譜中常見之「五線」，也代
> 表我國樂中之「五音」（音樂），以上兩者結
> 合是傳統與現代、音樂和戲劇的結合。以傳統
> 之古拙圖案配以現代之框線，有顯著的文化表
> 徵及內涵。

兩廳院院徽

　　造型上，採用中正園區重要視覺意象之一的八角窗，勾勒出形似窗花的藍白色圖案。在色彩內涵方面，凌明聲說明：「藍」係採用我國旗之「青色」作為標誌的主要色彩，寓意光明燦爛的青天，象徵節目的氣質格調之不凡。「白玉」白玉色的花朵圖案，象徵對節目懷有悠遠、高潔的品質理想和憧憬。[6]

三、企業識別符號

　　院徽搭配上「國立中正文化中心 國家戲劇院 音樂廳」字樣，持續二十多年作為兩廳院的正式企業識別標誌。但施行多年來，為了因應不同用途，也另外發展出

---

6 引自〈柒、本廳院之院徽說明〉，《國立中正文化中心簡介》，1987 年 10 月 1 日出版。

輔助系統的識別圖案。（如附圖所示）

識別標

兩廳院主要企業識別標誌－方形　主要企業識別標誌－直式

主要企業識別標誌－橫式

主要企業識別標誌—
用於深色背景　橫式

主要企業識別標誌—
用於深色背景　直式

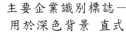

主要企業識別標誌—
不同標準色　方形

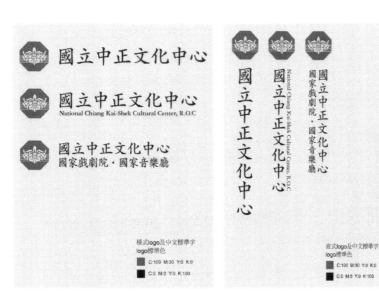

主要企業識別標誌—
不同標準色 橫式

主要企業識別標誌—
不同標準色 直式

其他型式識別標誌

其他型式設計 1

其他型式設計 2—節目文宣品

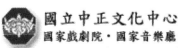

其他型式設計 3

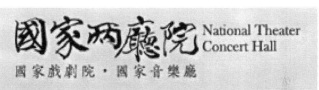

其他型式設計 4—兩廳院官網

其他型式設計 5—

其他型式設計 6—兩廳院內部網頁

其他型式設計 7－包裝紙

其他型式設計 8

←─ Palatino / bold

←─ Hoefler Text / regular

←─ Hoefler Text / regular
←─ 英文小字 / Hoefler Text / regular
　　TPAC英文字頭 / Times / bold

←─ 文仁粗楷
←─ Hoefler Text / regular

其他型式設計 9 — 文件表頭使用

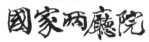

其他型式設計 10 — 國家表演藝術中心初期暫行使用

第三節　現有品牌產品

　　品牌力來自於產品力，多年來，兩廳院所經營的不論是節目或是業務，已累積出知名度與信任感，逐步在消費者心中建立專業地位，也掌握目標客群及關鍵通路，讓業務的推動得以事半功倍，本節將逐一介紹這些具有品牌潛力的產品，並就品牌經營觀點加以檢視。

一、台灣國際藝術節（Taiwan International Festival of Arts, TIFA）

　　兩廳院曾於 1994 年開辦「台北國際藝術節」（Taipei International Festival of the Arts, TIFA）舉辦兩屆之後便即停辦。2009 年另起爐灶，開辦「台灣國際藝術節」（Taiwan International Festival, TIF）。

　　比起其他世界知名的如亞維儂藝術節（France Avignon Festival, 1947）、愛丁堡藝術節（Edinburgh Arts Festival, 1947）、香港藝術節（Hong Kong Arts Festival, 1973）等等，這個藝術節晚起步許多，也欠缺城市觀光資源整體性戰略思考的支援，但仍然努力建

立其獨特性以小搏大。策展精神強調「跨國、跨界、跨領域」的創新思維，第一屆的 slogan 即以「未來之眼」"The Vision of Future"，凸顯此藝術節創新前瞻的特性。除此之外，挑選節目上，著重一定比例的世界首演或亞洲首演，也很積極地推動台灣與國際藝術家的合作。每有新製作，都會邀請國際媒體、策展人來台灣觀賞，希望可以推動到國際巡迴演出。

　　雖僅短短五年，在票房和口碑上，卻都獲得不錯的成績。從 2009 年到 2014 年，售票率都維持在九成以上[7]，部分節目也得到國際策展人的青睞，例如 2012 年台法共製的舞蹈《有機體》在台灣首演之後陸續在世界巡演，至 2013 年已達到 65 場。

　　「台灣國際藝術節」在早期每年都會選定不同的策展主題，例如 2009 年是「藝術與科技」，2010 年「環保與永續」，2011 年「愛與和平」，2012 年「傳承與創新」。自 2011 年後，藝術節英文名稱改為 "Taiwan International Festival of Arts，TIFA"。自 2013 年後，雖仍維持新製作的產出，但已不再強調節目策畫的主題性。作為一個囊括音樂、戲劇戲曲、舞蹈，跨越古今中外的綜合性質藝術節，沒有共通的主題，當然在節

7　歷年票房分別是：2009 年 90%，2010 年 97%，2011 年 98%，2013 年 %，2014 年 94%。

目選擇上更為自由不受限制，但也失去觀照藝術生態以及表達兩廳院策展論述的機會，這是比較可惜的地方。當然，藝術節的策畫不論就節目製作、選擇或行銷，不是必然需要有特定主題，然而得失拿捏和最終效益的掌握，卻是必須經過深刻思考了然於胸的。

　　作為兩廳院最重要也最大型的藝術節，其充分彰顯出兩廳院的品牌精神。而定位明確，已累積固定忠實客群與良好口碑，以及兩廳院在經費等資源上的投注，都是這個藝術節目前所擁有的優勢。未來所要面對的挑戰，節目品質及獨特性是基本要件，策畫眼光不僅需與時俱進，更要居於前導，引爆議題；在行銷上，除了維繫住原有死忠觀眾外，開發新通路接觸不同客層，在擴大藝術節影響力的同時，也帶動兩廳院品牌。

歷年台灣國際藝術節主視覺

2010 年

2011 年

2012 年

2013 年

2014 年

二、國際劇場藝術節

　　2002 年開辦的「國際劇場藝術節」，以小劇場演
出爲主，引入國外浪頭上最前衛的劇團，每兩年舉辦
一次，邀請大約四到六個團體演出，規模並不大。因
著重實驗前衛，演出地點多安排在實驗劇場，偶而穿
插一檔戲劇院的中型製作，也會加入到一到兩檔國內
團體的演出。

　　由於規模限制，資源放在節目宣傳上，slogan 幾乎

每屆都重新設計[8]，即使沒有刻意經營品牌，在劇場界已累積基本觀眾，但仍然大多侷限在重度消費者範圍。

三、舞蹈秋天

和「國際劇場藝術節」同樣強調前衛創新、每兩年舉辦一次的「舞蹈秋天」，在 2006 年開辦，到 2012 年已歷經四屆，「國際劇場藝術節」以現代戲劇為主題，「舞蹈秋天」則是現代舞。顧名思義，這個藝術節是在秋季舉辦，但其實它一開始策畫，是安排在每年春季，名為「舞蹈春天」系列，但 2010 年起，為了要在時間上與每年也是春天舉辦的「台灣國際藝術節」作出區隔，因此調整成 10、11 月演出，也更名為「舞蹈秋天」，並改成隔年推出的雙年舞展。

「舞蹈秋天」的形象口碑同樣偏向重度藝文消費者，在「圈內」有高知名度，一般民眾則不熟悉。

四、兩廳院夏日爵士派對
（Summer Jazz）

「兩廳院夏日爵士派對」應該是兩廳院知名度最高的系列節目，2003 年開辦至今，即將邁入第 11 屆。

---

8 2002 年「放聲狂嬉」，2004 年及 2006 年「騷文藝動」，2008 年的「闖入異想」。

每年固定在 8、9 月邀請國際級爵士樂手來台灣在音樂廳舉辦 4 場演出，2009 年開始，還搭配戶外廣場爵士音樂會。

由於爵士樂本身具有的強烈氣質和特定樂迷，即使沒有設計特定的主題和 slogan，在品牌定位上依然鮮明，延續多年色彩濃重酷調性的設計風，在樂迷心中已產生特定聯結。更重要的是，「夏日爵士派對」是目前所有系列節目中，唯一在露出時冠上「兩廳院」的案例，加深消費者對「兩廳院主辦」的印象。此外，賓士汽車自 2007 年開始冠名贊助「兩廳院夏日爵士派對」，因此在主視覺設計上加入賓士 logo，以及「不安分的藝術靈魂」slogan，連帶豐富了這個節目的整體品牌內涵。

夏日爵士派對主視覺

2008 年

2009 年

2010 年

2011 年

2012 年　　　　　　　　　2013 年

　　上述節目即使行銷對象不盡相同，知名度或高或低，都已累積相當品牌資產。比較可惜的是，多年在票房掛帥思維下，節目品牌經營的主要功能仍為推動票房，而除夏日爵士音樂節外，其他形式的節目系列，欣賞門檻較高，消費群仍集中在中度以上的藝文愛好者，對兩廳院品牌在廣度上的推廣比較沒有助益。

　　雖說「品牌」與「票房」確實存在相生相長關係，但如何擴大兩廳院整體品牌效益，將是一個需要探討的課題。

五、兩廳院之友

　　1992 年開辦的「兩廳院之友」，前身是「會員制

電腦語音購票系統」，加入會員後，可透過電話訂購兩廳院主辦節目的票券，節省舟車勞頓時間。1999 年購票會員與表演藝術圖書室會員整併，更名爲「兩廳院之友」，分金卡與普卡。2004 年再作調整，會員依所繳年費不同，分爲四個等級[9]：金緻卡、典藏卡、風格卡、藝想卡，各享有不同權益。2012 年，取消藝想卡，合併爲三種會員：金緻卡、典藏卡及風格卡。

　　最初以便利購票爲出發點的會員制，一路發展下來，不再僅以功能取向，更著重在是鞏固目標族群，維繫藝文消費者對兩廳院向心力的目的。在品牌打造上，1999 年以"Bravo"爲 slogan，強調表演藝術的精采與撼動人心的精神（如圖 1）。2004 年之後，slogan 由"Bravo"改爲"Dear friends"（如圖 2），企圖與會員間產生更親密的連結，主視覺採用雷驤音樂、戲劇、舞蹈的插畫，並製作成風格獨具的會員卡（如圖 3）。2013 年重新設計以小篆字型仿印章的主視覺（如圖 4），並結合董陽孜書法作品語出詩經的「瑟兮僩兮」，打造出古典風格的會員卡。

　　對會員而言，「兩廳院之友」購票折扣和節目開賣前優先購買等利多，確實抓住重度藝文消費者的心理，

---

9 年費依序爲：金緻卡 3000 元、典藏卡 1500 元、風格卡 500 元、異想卡 200 元。

但畢竟人數仍屬小眾，會員人數維持在 25,000 左右。
許多加入兩廳院會員的觀眾，不僅是著眼在購票上的優
惠福利，也有心理上對兩廳院的認同，也可說是兩廳院
品牌的支持者與潛在推動者。

圖 1

圖 2

圖 3

圖 4

圖 5

六、兩廳院售票 www.artsticket.com.tw

　　「兩廳院售票系統」是台灣第一家以電腦選位出票方式代替人工劃位印票的售票模式，開發動機來自於本身四個演出場地（共約 4000 席）的售票需求，初始服務對象僅限於兩廳院主辦節目，1996 年開始，增加以其他演出團體為對象提供票務處理的代售服務。之後陸續改善服務功能，如語音購票（1992）、購票刷卡機制（1996）、與元碁合作網路售票（2000）等。

　　2003 年，是兩廳院售票系統發展上頗具關鍵性的一年，由於將以網路售票業務為主的「元碁售票系統」（成立於 1998 年）併入旗下，並與宏碁公司結盟開發新版售票系統，版圖急遽擴增，不僅實體分銷點通路從原先 20 家增加到 240 家[10]，之前元碁售票的客戶跟隨

---

10 早期兩廳院售票是封閉的 DOS 系統，因此無法藉由網路擴充分銷點，合併後接收原元碁售票全省 200 餘家分銷點，大部分為書局、音樂教室等。

人員的移轉，大多由兩廳院接收，因此兩廳院售票服務
對象也從原本單純的表演藝術活動，拓展到演唱會、球
賽、展覽等其他非表演類的活動，網路會員亦急速累積
增加。與「年代售票系統」（成立於 1991 年）爲目前
國內兩大售票系統。[11]

如同「兩廳院之友」，「兩廳院售票」不但是兩廳
院重要品牌資產，影響力更高過於「兩廳院之友」，現
有約 820,000 網路會員，透過 CRM 系統的整理分析，
兩廳院得以依據基本個人資料及消費習慣，掌握不同產
品的行銷目標群體。

「兩廳院售票」自 1992 年與「元碁售票」合併之
後，業務大幅開展，也同時重新打造對外形象，俾使外
界有耳目一新的感覺。著名設計師劉開，以戲劇院、音
樂廳極富特色的中式屋簷爲意象，爲「兩廳院售票」設
計新的主視覺（如圖），運用在票券、分銷點店頭貼
紙，以及相關文宣品上。每年售出 250 萬張票券，網
路會員累積至今已超過 80 萬名，並以每年約新增
50,000 人的速度不斷提高。

由於資源有限，兩廳院售票在品牌經營上沒有投注
實質資源，大多爲表演藝術圈內的口碑式行銷，或與大

---

11 目前台灣除兩廳院售票系統、年代售票系統，尚有寬宏、博客
來、統一 ibon、全家、華娛、元氣等經營售票業務。

型重要節目（如：太陽馬戲團）的合作，藉合作單位龐大文宣攻勢，間接帶動「兩廳院售票」的露出。

　　即使「兩廳院售票」在經營上可以成為單獨運作的事業單位，銷售的票券也超過 90％是非兩廳院主辦的節目，但無庸置疑，名稱上的連結度使其品牌與兩廳院的品牌已密不可分，演出團體及經紀公司或多或少會因為「兩廳院」而影響到使用「兩廳院售票」的意願，兩廳院的品牌力一方面加持了兩廳院售票，另一方面也規範了兩廳院售票的品牌聯想。幸而，在業務上行政法人所賦予的鬆綁與彈性，又讓兩廳院售票得以和民間售票系統一較長短，不致因為繁瑣的行政流程和限制減損競爭力。但必須注意的是，過度業務導向忽略品牌經營，將會讓品牌之力帶動業務的效果減弱。此外國家表演藝術中心成立後，兩廳院售票在維繫長久累積的口碑時，也必須放大寬度，重新調整品牌策略，成為真正「最貼近演出現場的售票平台」。

兩廳院售票主視覺

第四節　品牌行銷成果

　　兩廳院的品牌是透過什麼樣的管道傳達並影響消費者？它的效果又如何呢？

　　兩廳院過去並沒有有意識的從事整體品牌行銷，而是較零散的針對個別「產品」在做宣傳曝光。例如，兩廳院主要產品－節目，在過去很長的一段時間裡，大多是藉助平面宣傳品，如月節目簡介[12]、傳單海報，或召開記者會、發新聞稿方式作露出。數位行銷日漸成為主流後，兩廳院除之前已有的官方網站，以及電子報的發送外，更積極經營社群網站「藝流網」[13]、兩廳院facebook[14]，建立起與觀眾直接溝通的管道，使其快速

---

12 兩廳院「月節目簡介」為免費刊物，自 1987 年開幕時即開始發行，初時為折頁式簡介，之後發展為冊狀。為配合節目啓售日期，每月 1 日前發行次月之節目簡介。內容為介紹兩廳院主辦節目、場地外租節目，及使用兩廳院售票系統之節目。每月發行量20 萬份，為台灣最重要的表演藝術平面資訊媒介，也為兩廳院增加廣告收入。

13 兩廳院「藝流網-floating」是一個表演藝術資訊露出平台，開放給相關外界披露最新表演訊息，也可利用其所設部落格表達個人意見，至 2012 年 4 月已累積 260,000 名會員，2014 年 6 月終止。

14 兩廳院 facebook 開始於 2011 年，至 2014 年 7 月已超過 70,000名粉絲。

獲得最新資訊，不但讓相關產品在第一時間曝光，也經營出固定群眾向心力，對整體品牌的經營亦有助益。

公眾形象上，是利用大型廣告如市區道路路燈旗，以及兩廳院本身建築物週邊的形象旗、大母旗、燈箱等，宣傳節目及展示形象。

在活動及事件行銷方面，由於兩廳院主要產品為節目，其活動大多也以此為規劃重心，包括與演出者、贊助商等的互動，偏向菁英小眾範圍，即使「圓夢計畫」[15]以弱勢族群為對象，也行之有年，但其曝光度不高，較難帶動兩廳院知名度。因此，每年戶外藝文廣場的節目，吸引上萬人次參與，對傳達品牌形象較有實質效益。

國際行銷宣傳上，除了積極參與國外藝術節、相關年會之外，也利用國際藝術節期間，邀請策展人及國際媒體來台欣賞節目並作後續報導，在推薦台灣節目的同時，也介紹了兩廳院。以此方式運作，每年約有百篇報導露出。

以產品為主軸的行銷思考（尤其集中在節目），容易忽略品牌的整體戰力，而傳統刊登平面形象廣告的方

15　「藝術零距離 —— 兩廳院圓夢計畫」是一結合社會、企業及兩廳院本身資源，資助社會中弱勢族群及偏遠地區孩童等，得以進入兩廳院參觀導覽及觀賞節目的長期贊助計畫。

式，過於保守過時。根據 2005 和 2006 年所作的市場調查，兩廳院在重中度藝文消費者心目中是第一品牌，但一般民眾卻對其嚴重認知不足，且消費群過於集中，因此兩廳院在品牌的行銷上可說是「深度有餘，廣度不足」。這樣的現象同時也反映在節目的策畫上，從而影響到兩廳院帶給人的印象至於整體形象。

　　此時必須重新思考，與外界的連結點與連結方式，隨時吸收新知，更新行銷工具，並勇於挑戰改變，才能打造出最有效及具有未來性的整體行銷。

第六章　品牌經營優勢與困境

第一節　國家品牌及資源挹注

　　作為國內第一個行政法人單位，國家兩廳院即使在經費上有自籌比例的壓力，但國家在預算上仍給予相當大的支持。而擁有位居城市中心一流設備場地，在競爭條件上佔有絕對優勢，因政府加持的「國家級」光環，較之一般私營企業，對客戶、消費者而言，無論在品質、實力或穩定度上，無疑提供了更多的信心保證。

　　與兩廳院合作的上游對象，無論是廠商或演出團體，無庸耽心付款逾期或支票跳票產生呆帳等等一般業界可能面對的風險。而顧客端，國家級稱號以及非營利組織性格，不僅是品質上的保證，在權益上也較有保障。到目前為止，兩廳院是國內唯一設置客服中心的表演場地，即便是在外包駐店產生的客訴糾紛（如停車場、餐廳），兩廳院都有協助處理的責任，畢竟觀眾認

定的：這是「兩廳院」的場地，也就必須有「國家級」
的服務水準。

以國家資源為後盾產生的品牌效益，反映在信心度
上。但另方面，一般人對國營企業的刻板印象也同時伴
隨而生。在 2006 年「CIS 市場調查研究」中，「兩廳
院之友」對中心品牌個性的描述是「尊貴具有權威領導
氣勢的人，解決客戶問題沒有彈性」；贊助商則是認為
兩廳院是「不積極、沒有熱忱、做事沒有彈性的人」；
甚至中心本身員工也覺得兩廳院是「穩重、嚴肅、不易
親近、有包袱在身的人」。顯然「國家」這頂不輕的帽
子讓兩廳院地位崇高尊榮，卻也缺乏溫度難以親近。

此外，一般認定，既為政府支持的表演藝術中心，
資源必定不致匱乏，也造成尋求贊助上的困難，畢竟兩
廳院既非慈善機構，亦非弱勢團體。反之，強有力的國
家形象，與需要贊助的對象實在有差距。

第二節　品牌識別問題

兩廳院的建造，緣起於紀念先總統蔣中正先生，故
而定名為「中正文化中心」。成立之初，因中心組織法
久未通過，長達五年間，以「國家戲劇院暨音樂廳營運

管理籌備處」之名運作。1991 年 10 月,暫行組織規程通過,始以「國立中正文化中心」作為正式官方名稱。

但不知從何時起,媒體及一般觀眾開始以「兩廳院」這個既響亮、有親和力又具實質意義的名字稱呼這兩棟建築物,「兩廳院」逐約定俗成成為「國立中正文化中心」行走江湖的另一個稱號。因此,在合約、官方信函、名片等官方正式文件上,兩廳院依然用的是「國立中正文化中心」,也包括英文名稱「National Chang Kai-Sheik Cultural Center」;但在一般營運上,則多使用「兩廳院」,如「兩廳院之友」、「兩廳院售票系統」,至 2010 年,兩廳院官方網站也正式更名為「國家兩廳院」。

無疑地,比起「國立中正文化中心」,「兩廳院」在品牌上更能超脫出官方色彩和歷史包袱,知名度也更高,但比較弔詭的是,除藝文愛好者之外,許多人並不確實認知到「兩廳院」就是「國立中正文化中心」[1]。因此對消費者而言,「國立中正文化中心」就像是一個組織,會主辦節目和推廣活動;但「兩廳院」則較偏向是建物地標和會場。名稱雙軌並行,在行政上不會造成

---

1 兩廳院每月發行 20 萬份的「月節目簡介」,因為發行單位是「國立中正文化中心」,也只有文化中心 logo,許多人不知道其與兩廳院的關係。

問題，如：「朱宗慶打擊樂團」登記名稱是「擊樂文教基金會」，IBM 的正式名稱是「國際商業機器公司」。但在品牌經營上，對外名稱的一致，避免消費者認知上的混淆不清，卻可達到加乘累積的效果。

就現階段而言，兩廳院雖然在國人心目中累積相當知名度，但仍面臨名稱及識別系統不夠清楚的問題。

許多人並不了解國立中正文化中心即等於兩廳院。相反的，多數人會以為國立中正文化中心和中正紀念堂是一回事（事實上，除了同處中正園區，以及 2014 年後同屬文化部外，國立中正文化中心和中正紀念堂在行政上沒有關聯）。由於國立中正文化中心是兩廳院正式名稱，絕大多數文宣品或對外文件中只會出現「國立中正文化中心」的 CIS，並未和兩廳院做聯結，造成名稱上的不一致。

在國際行銷方面，因為正式名稱是：

National Chiang Kai-Shek Cultural Center,ROC

National Theater‧Concert Hall

"Chiang Kai-Shek Cultural Center" 與 "Chiang Kai-Shek Memorial Hall" 更易於混淆，而 National Theater Concert Hall 也會給人僅僅是場館（Venues）經營者的印象，無法突顯兩廳院在軟體上策劃節目的角色和功能，若是能改為 "Performing Arts Center"，

其功能和角色會更為清楚。

2014 年「國家表演藝術中心」成立，「國立中正文化中心」名稱走入歷史，全面改用「國家表演藝術中心」（National Performing Arts Center）之「國家兩廳院」（National Theater & Concert Hall）。而在企業識別系統上，如第五章第二節中所述，目前識別設計多頭馬車，因應不同場合有風格截然不同的設計，缺乏統整及規範的情形，也將因重新設計規畫而獲得改善。

第三節　產品品牌定位

曾幾何時，產品的價值不再是來自產品的功能，而是給消費者的使用經驗和服務，和創造出的品牌形象，「品牌就是消費者腦中的圖像」（brand is a mind of customers）。[2]

兩廳院的核心產品是「節目」，但由於兩廳院本身並不是「Production House」，而較偏向「Presenter」的角色，因此除極少量的自製節目外，國外節目透過經紀人或直接引進成熟作品，國內節目大多屬於委託製

---

2 語出哥倫比亞大學商學院全球品牌影響力總監史密特（Bernd H. Schmitt），《商業周刊》1276 期，p.35。

作。對觀眾而言,兩廳院是「國際級的表演場地/藝術中心」,透過部分知名度較高的製作如:《鄭和1433》、《茶花女》等,也得知兩廳院有製作節目的業務,但觀眾對於在兩廳院演出的節目,是否係兩廳院「主辦」並不十分在意。舉例來說,表演工作坊在2011 年上下半年在國家戲劇院分別演出,其中 3 月份的《那一夜,旅途中說相聲》是由兩廳院主辦,也是「台灣國際藝術節」重點節目之一;9 月份的《寶島一村》是租用戲劇院場地演出,主辦單位是表演工作坊。但對一般觀眾而言,表坊的演出主辦單位是誰並不重要,唯一有差別感受的是「兩廳院之友」,但如果兩廳院之友又同時是「表演工作坊之友」,那在權益上就幾乎無二致了。同樣的情形,也發生在兩廳院邀請雲門舞集、綠光劇團、紙風車劇團、朱宗慶打擊樂團上。

　　兩廳院本來就有「製作優質節目累積實力」的目標任務,但這樣的模式反映出一個現實結果:兩廳院在委託製作節目上,品牌的經營是為人作嫁,因為名聲累積在表演團體本身,而非兩廳院。這和產業界面臨的狀況截然不同,兩廳院委託製作(ODM,設計代工製造)的產品,所能獲得的品牌效益卻極低,其原因還在於表演藝術的特質,產品(節目)以表演者－人為介面,與消費者(觀眾)產生共鳴,達到欣賞的目的,因而對消

費者而言，是「誰」演出、是「誰」創作才是關鍵，主辦製作單位則扮演掌握品質的角色。

　　近年較顯著的例子是 2010 年音樂劇《很久沒有敬我了你》（2010.2），這齣由國際知名指揮家音樂啓蒙於原住民裖姆的發想，穿插漢人音樂家與部落少女愛情故事，結合卑南族排灣族音樂演唱，以及國家交響樂團伴奏的音樂劇，在表演藝術界造成極大迴響，之後多次受邀到國內外巡演，也成爲當時文建會建國百年慶祝活動「經典好戲」的重點節目之一，甚至已著手籌備製作續集。但很少人知道，《很久沒有敬我了你》是兩廳院 2010 年台灣國際藝術節中的旗艦製作，不但由兩廳院獨資製作，也是版權唯一擁有者。但很顯然，外界的認知仍在委託製作單位角頭音樂，以致發生雙方各自發行紀錄片等視聽產品的怪現象。

　　雖然，除國家交響樂團之外，兩廳院本身沒有團體，也沒有創作人才，但擁有累積 20 年豐富經驗的專業劇場營運管理人才及 know how，包括舞台技術管理、前台客服管理、節目規畫製作、行銷宣傳，以及國內外表演藝術人脈、口碑極佳的藝術節等系列節目，已在表演藝術領域累積了相當的品牌知名度，這也是兩廳院最重要的資產。

第四節　領導者更替

　　企業品牌的建立，可以「由上而下」，由領導人定義品牌，向下層層推動；亦可以「由下而上」，由行銷人員依個別產品，爲品牌定義。但唯一不變的是：組織領導人的支持是品牌成功的關鍵，因爲品牌的定位：核心價值，是一切相關作爲開展的最高精神指標。

　　兩廳院從開幕營運至今的 27 年之中，更換了 12 位、15 任首長[3]，尤其是行政法人後的 10 年之中更換了 11 任藝術總監，最短的一任只有 1 個月。如走馬燈般不斷來去更替的領導人，在其有限的任期內，能充分了解兩廳院龐雜的業務已屬不易，遑論凝聚向心力發展共同願景。這似乎是兩廳院作爲行政院轄下行政法人的宿命，首長任命往往受政黨輪替影響，而多任首長借調

---

3 行政法人前的主任分別：是周作民（1985.2-1987.1）、張志良（1987.1-1988.8）、劉鳳學（1988.8-1990.8）、胡耀恆（1990.8-1993.8）、李炎（1993.8-2001.3）、朱宗慶（2001.3-2004.2）；行政法人後的藝術總監分別是：朱宗慶（2004.3-2004.8）、平珩（2004.8-2007.2）、楊其文（2007.4-2008.1）、劉瓊淑（2008.5-2010.3）、黃碧端（2010.3-2013.3）、平珩（2013.3-2013.6）、李惠美（代理藝術總監，2013.7-2014.2）、劉怡汝（代理藝術總監，2014.3）、李惠美（藝術總監，2014.3-）。

自學界或即將屆齡退休，有一定任期限制，而國外知名
藝術節或劇院藝術總監往往一任長達多年[4]，對內得以
貫徹經營理念，對外更可以在專業領域累積建立知名
度，成為組織的最佳品牌大使。

　　這也是一個國家在文化政策及相關人才培植上，是
否有策略性深遠規劃的具體呈現。

第五節　品牌管理觀念

　　如前所述，組織品牌的打造可以「由上而下」，也
可以「由下而上」，組織中專司品牌經營的單位如果發
揮功能，不僅可以延續維護組織品牌精神，更可為重大
決策提供專業上的建議。

　　企業中專職品牌的部門通常是公關部（public
relation）、或企業溝通部（corporate communication），
這類部門扮演著品牌精神傳遞者及維護者的角色。

　　兩廳院在經營理念上，長久以來未將「品牌管理」

---

4 例如：費弗爾‧達榭（Bernard Faivre d'Arcier）曾擔任法國亞
　維儂藝術節（Le Festival d'Avignon）藝術總監長達 16 年。喬納
　森‧米爾斯（Jonathan Mills）自 2007 年擔任英國愛丁堡藝術節
　（Edinburgh Arts Festival）藝術總監至今。法國國立劇院總監一
　職一任 5 年，通常會在第一期 5 年滿後再續 3 年。

視爲重點業務，也無專責部門單位，組織中唯一與品牌
推廣可能產生連結的單位是「企劃行銷部」之下的「整
體行銷組」，但工作內容多以事務性爲主，行銷重點也
放在節目宣傳上，少就整體對外形象作策略性思考。系
列節目品牌的打造，則是由節目宣傳人員個別負責，因
此宣傳人員不僅是該節目票房行銷，同時也是該項品牌
的主導者及推手。

　　2007 年開幕的北京國家大劇院，以「藝術改變生
活」作爲 slogan，在營運理念中明白揭露「實施品牌
經營戰略」[5]，強調大劇院的經營管理是「圍繞品牌戰
略展開」[6]，並成立「品牌推廣中心」專司品牌管理推
廣工作，顯著地對其品牌推動抱持強大的企圖心及積極
作爲。

　　品牌管理的開端是必須先定義品牌精神，代表何種
意義，以及相對於競爭品牌群，如何進行品牌定位。兩
廳院以「全民共享的文化園區」作爲願景，也的確在內
部工作計畫中落實執行，在台灣，兩廳院位於首善之都

---

5 引自國家大劇院官網資料，下同。http://www.chncpa.org/，瀏覽
　日期：2012.01.25。
6 全文爲：「品牌是一種符號，具有獨特的文化內涵和經營價值，
　大劇院的經營管理是圍繞品牌戰略展開，堅持 "高水準、高品
　位、高雅藝術" 的節目選取標準，主推藝術產品，注重傳播、品
　牌推廣，注重關聯性」。

的核心區，擁有最豐厚的國家資源，其地位與資源是其他文化中心所難望其項背，「全民共享」不僅傳達出破除獨裁威權、人民所有的精神，對其他文化中心或表演場館而言，也劃上一道難以超越的門檻。

　　加上兩廳院自開幕以來即主辦各類型表演節目，長年累積的專業與口碑，「選節目」的功力，在觀眾心目中有既定地位，這些都是兩廳院的極大優勢。

　　可惜的是，在品牌管理上，由於沒有清楚的認知和執行方針，品牌精神雖然隱隱浮現，但在沒有作有系統的規劃及行銷情況下，即使「兩廳院」在顧客心目中佔有獨特及有價值的地位，也無法極大化組織的潛在利益。絕大部分的行銷資源仍投注在個別商品宣傳（尤其是節目）。因此，反倒是系列節目在規劃節目時有清楚的定位及目標顧客，加上長期經營累積相當口碑，反而可以回頭帶動母體品牌的知名度。

第七章　品牌重整

　　以國際性企業經營品牌的標準檢視，國家兩廳院目前較缺乏有意識經營自身品牌的作為，僅透過某些宣傳活動帶動品牌的曝光，達到促銷節目的目的，但未著重於精確傳達品牌精神以及有效的品牌管理。

　　企管界重量級品牌學者 Keller 認為，品牌管理（strategic brand management）須包含設計和執行行銷方案，藉以建立、評量和管理品牌權益。他並將品牌管理程序主要區分為四大步驟：

　　1、確認並建立品牌地位

　　2、計劃與執行品牌行銷方案

　　3、衡量與詮釋品牌功效

　　4、成長與持續品牌權益[1]

　　本章參考 Keller 品牌管理程序，以兩廳院經營現況為基礎，提出品牌重整的可能性與建議步驟，以作為

---

1 Kevin Lane Keller 著‧徐世同譯，《策略品牌管理》（Strategic Brand Management）p3，台北：華泰出版社，2008 年。

未來執行的參考。

第一節　擬定品牌定位與策略

在作品牌重整之前，必須釐清一個問題，兩廳院為甚麼要推動品牌？兩廳院經營品牌目的何在？對象應該是誰？

以一般企業而言，打造品牌的目的在於建立公司正面形象與商譽，強化產品差異性與消費者信心，最終創造出最大的商業利益。但對於負有社會責任執行公共任務的非營利組織「兩廳院」，推動品牌的動機又在哪裡？

無論公務或民營組織，「建立正面形象」都極為重要，事關該組織名聲信譽，而所謂正面形象不僅僅是沒有負面新聞而已，還必須積極經營塑造，在兩廳院，「正面形象」可能包括專業、精緻藝術、親民等等。確立組織本身想要建立形象為何，所有活動作為也必須依據此指標運作。

其次，兩廳院在台灣，雖然目前仍擁有寡占市場的優勢，不需要強調差異化，才能在競爭性的市場中勝出。然而，近年來亞洲國家（特別是中國）不斷興建大

型劇場，國內大台北新劇院[2]、台中歌劇院[3]、台北藝術中心[4]、衛武營表演藝術中心等即將於 2014 到 2015 年間陸續完工啓用，面對這些由國際級建築師操刀、設備更先進，且或多或少參考過兩廳院這份現成教材的新興場館之競爭，兩廳院必須利用本身優勢，打造出差異化及無可取代性，以避免競爭力降低及邊緣化。

　　此外，透過品牌權益建構與運作，提供兩廳院對於自身產品智慧財產權及延伸權利在法律上的保障，並賦予品牌擁有者法律上的所有權，更可將兩廳院在產品及形象上的權利釐清，並作更有效的運用。

　　落實在業務層面，品牌的最終目的是「創造品牌價值，讓消費者對品牌產生黏著度，成爲忠誠顧客」，如此在有限的行銷成本上，卻可創造最大的效益。兩廳院

---

2 位於新北市板橋區，佔地 3.3 公頃。2008 年文建會決定以 BOT 方式興建，預計興建國際級劇院一座（3000-5000 席）、多功能表演空間一座（400-500 席）、戶外劇場及附屬商業設施。原預訂 2014 年開館。

3 基地位於台中市七期重劃區內，佔地 57,685 平方公尺。建築外觀經由國際競圖，由日本名建築師伊東豊雄的設計「美聲涵洞（Sound Cave）」獲首獎取得設計權。內規劃 2011 席大型歌劇院、800 席中型劇場，和 200 席實驗劇場各一座。預訂 2014 年落成。

4 基地位於台北市士林臨時市場所在地，佔地 2 公頃。透過國際競圖，由北京中央電視台設計者 Rem Koolhaas 領軍的荷蘭大都會建築師事務所（OMA）取得設計權，於 2012 年 2 月 16 日動工。建築包含一座 1500 席之大劇院、兩座 800 席的球形鏡框式，及多元式中型劇場。預訂 2015 年落成。

許多藝術節的開賣,在「前七八折」的會員專屬購票期間,往往即可創造佳績,就是部分品牌力的展現,如果可以整理並善用,在業務推動方面,將更有事半功倍的效果。

更重要的是,在組織力量的營造上,品牌精神對內足以凝聚內部員工向心力,而實踐最終目的獨特有效的永續經營。這是兩廳院推動品牌管理的目的。

然而,兩廳院要如何進行品牌定位?首要就是必須確立兩廳院的核心價值及願景,從而確定組織名稱、界定推動品牌的對象,並規範其他品牌識別體系。

一、確定核心價值與願景

許多企業在創立公司之初,即將創設理念及經營哲學形諸條文,一方面表達本身理想和使命感,另方面作為日後形塑企業文化之根本,藉以勉勵員工。此種情形尤以日本企業為甚,例如 Sony 在「創立宗旨書」即揭露:「要充分發揮勤勉認真的技術人員的技能,建立一個自由豁達、輕鬆愉快的自由工廠」,而其企業核心價值是:「成為先驅者,尋求未知」,自由及思想開放「做別人沒有做過的事」。Fujitsu:「提供最尖端的科技技術及領先產品,為客戶提供全方位的解決方案,追求人類文明躍進的無限可能性」。Uchida:「透過

創造爲提昇人類富創意活動的環境，致力於實現富裕的社會」。創業宣言中，往往表露出企業家對改善社會與人類生活強烈的使命感。而創業理念也經常表現在企業的命名哲學中，以花札（紙牌）起家，之後稱霸遊戲機市場的 Nintendo 任天堂在日語（にんてんどう）中的意義爲：「謀事在人，成事在天」。Canon 原名 Kwanon（觀音），代表著菩薩慈悲憐憫的心。世界上最大的移動通信運營商之一 DokoMo（日語：NTT ドコモ），其名字帶有「無所不在」的意思。

　　北京國家大劇院以「藝術改變生活」爲核心價值觀，進一步發展出「崇尙高品位、高水準的高雅藝術和民族藝術」，「堅持創新、鼓勵創新」，「崇尙藝術改變生活」的核心價值觀，「堅持用藝術和市場雙重眼光審視所經營的項目和出品的劇目」，「信守誠信、雙贏、持久的經營原則」，強調「人民性」、「藝術性」及「國際性」，並具體宣示發展願景[5]。

　　與兩廳院關係密切的國家交響樂團（NSO），以「國際級專業樂團」定位自許，並打造「深刻、精緻與多元」爲策略標語，也揭示出樂團未來努力的方向。

---

5 引自北京的國家大劇院官網 http://www.chncpa.org/。其完整願景爲：努力成爲國際知名劇院的重要成員，努力成爲國際表演藝術的最高殿堂，努力成爲藝術教育普及的引領者，努力成爲中外文化交流的最大平台，努力成爲文化創意產業的重要基地。

　　兩廳院的核心價值，在本文第三章中已作出釐清，兩廳院工作同仁認為，兩廳院是「全民共享國際級表演藝術文化園區」；贊助商認為，兩廳院是「國內外表演藝術交流的橋樑」；表演藝術團體認為，兩廳院是「刺激藝術創新，精緻文化的推手」。而在觀眾心目中，兩廳院提供的價值又不如此沉重嚴肅，他們認為兩廳院是「紓解壓力、洗滌心靈，又能增廣見聞」，讓繁忙的現代人，身心得以放鬆休憩之處。

　　不同面向需求的功能，彼此並不衝突，而從品牌經營觀點，兩廳院除了本身所具有的「國際交流平台」、「表演藝術推手」、「心靈充電之所」等品牌特質外，他同時也是一個「品牌平台」，提供各類有品牌、高品質的表演藝術活動在其中發生。也因此，若回歸源頭，兩廳院在品牌經營上的當務之急，是找到自己在國內以及國際上的定位，確定自己核心價值並且提出願景。其操作的方式可以由上而下，由領導人給予，這是最快也最簡單的方式，好處是以領導人的層次，可以提出較為高瞻遠矚的方向，但在形成共識上就必須再花功夫，以免大家只是照章而行，只知其然不知其所以然，在品牌推動上缺乏動能；也可以由下而上，由同仁共同構築，但條件是必須激發出大家的參與熱情，同時亦須花較長時間凝聚共識。

二、確定組織名稱

品牌識別的最基本要素是品牌名稱，多數品牌名稱取自人名、地名，或自創新文字。兩廳院以「中正」為名，是為紀念已故總統蔣中正先生，正如美國「甘迺迪表演藝術中心」（John F. Kennedy Center for the Performing Arts）[6]，法國「龐畢度中心」（Centre Georges Pompidou）[7]，俄國「基洛夫劇院」（Kirov Theatre）[8]，亦以紀念人名作為命名。以政治領域的偉人命名，往往肇因於當時政治環境，但若時空改換情境不同，往往會存在不合時宜之風險，再再更名的俄國「馬林斯基劇院」即為著名案例[9]。

環顧其他世界著名表演場地的命名，多數地名顯示

---

6 全名為「約翰·菲茨傑拉德·甘迺迪表演藝術中心」，1971 年開幕，為紀念遇刺身亡的美國總統 John F. Kennedy（1917-1963）而命名。

7 原名「馬林斯基劇院」（Мариинский театр），1935 年為紀念蘇聯布爾什維克革命者和重要領導人，謝爾蓋·米洛諾維奇·基洛夫（Серге́й Миро́нович Ки́ров，1886-1934），故更名為「基洛夫劇院」，1991 年隨蘇聯崩潰後改回原名。

8 全名為「龐畢度國家藝術和文化中心」（Centre national d'art et de culture Georges-Pompidou），1977 年開幕，原為法國總統喬治·龐畢度（Georges Pompidou，1911-1974）為了紀念帶領法國於第二次世界大戰時擊退希特勒的戴高樂總統而興建，但因喬治·龐畢度在任內病逝，故該建築於 1977 年完工啟用後，即命名為「龐畢度中心」來紀念他。

9 參見註 64。

其特殊性，如：

日本 新國立劇場 / 新国立劇場 /New National Theatre Tokyo

新加坡 濱海藝術中心/Esplanade - Theatres on the Bay

香港藝術中心/Hong Kong Arts Centre

澳洲 雪梨歌劇院/Sydney Opera House，SOH

紐約 林肯表演藝術中心/Lincoln Center for the Performing Arts

柏林愛樂廳/Berliner Philharmonie

上海大劇院/ Shanghai Grand Theater

北京國家大劇院/National Grand Theater, Beijing

以上這些場館，無論是劇院、音樂廳，還是藝術中心，在名稱中大多不約而同將本身地點所在置入場館名稱，如此不但可以提高辨識度，避免混淆，也同時發揮城市行銷的雙重效果。

因此，命名的原則必須注意以下幾點：

1.反映其位階及內涵；

2.簡易好記；

3.突顯和其他表演場地的差異性；

4.同時考慮英文名稱上的相互搭配。

　　兩廳院之前除正式名稱「國立中正文化中心/National Chang Kai-Shek Cultural Centre」外，通稱「兩廳院」或「國家兩廳院」。

　　2014 年 4 月「國家表演藝術中心」（National Performing Arts Center）成立後，將所屬三個場館重新定名為「國家兩廳院」（National Theater & Concert Hall）、「台中國家歌劇院」（National Taichung Theater）及「衛武營國家藝術文化中心」（National Kaohsiung Theater & Concert Hall）。

　　國家兩廳院正名之後，新的品牌露出方式「國家表演藝術中心-國家兩廳院」，行政代表與場館名稱合體，不再受「國立中正文化中心」、「兩廳院」（或「國家兩廳院」）雙品牌並用的困境，也一掃外界「國立中正文化中心和兩廳院究竟有甚麼關聯？」的困惑。姑且不論法律或行政層面，單就品牌推動角度，品牌命名的重點在於對外界所希望塑造的整體觀感為何。因此，即使「新舞台」（Novel Hall）的法人代表是「財團法人中國信託商業銀行文教基金會」，但藝文圈及一般民眾的認知裡，仍然是認定「新舞台」這個藝術品牌。加上日後需與台中國家歌劇院、衛武營國家藝術文化中心做區隔，在品牌打造上，仍然應以場館名稱為

主，國家表演藝術中心為輔。

　　此外必須注意的是，兩廳院推動品牌的對象，不同於產業或產品吸引其特定顧客群，兩廳院品牌所需要面對的，應該是更廣泛的對象，不僅是藝術家及觀眾，而應是所有民眾，範圍也不僅限於台灣，品牌價值觀既要立足本土，同時也必須放眼國際，足以凸顯自己代表台灣在國際發聲及對話。

第二節　建立完整識別系統

　　品牌識別系統中，除首要的品牌命名之外，尚有其他重要品牌元素（brand elements），其作用在於辨識及區別個別品牌，其內涵則包括品牌箴言、網路位址、標誌符號、象徵物、代言人、代表曲、包裝與招牌等。在確定最首要的品牌名稱之後，便可據此設計發展各項識別體系，包括 CI（corporate identity，企業識別）、VI（visual identity，視覺識別）與 PI（product identity）等。

一、品牌標誌

　　兩廳院品牌標誌，之前是依循開幕時的規劃，即源

自中正紀念堂基地的八角形設計，在 2006 年曾嘗試重新進行企業識別系統規劃[10]，希望針對原設計過於莊嚴沉重缺乏時代感，及名稱過於冗長等問題加以改善，然最終因故未能執行。

　　除了設計觀感上的問題，在執行面部分，雖有標準八角形圖案主視覺設計，過去卻往往因時制宜設計出不同的標誌，運用在不同文宣管道上，造成識別系統紊亂。因此未來在使用上，必須將名稱、識別系統、運用規範編成作業手冊及樣稿，例如標準色之外輔助色的運用，以及標準字的設定等等，在管理上會更趨一致性。

　　兩廳院歸入文化部更名後，新的企業識別，除委託專業設計公司之外，在決策前建議可以加入焦點團體調查，綜合內部員工及合作夥伴、顧客的意見，畢竟 CIS 是給大多數人看的，也需顧及大眾的心理感受。

　　後續補充：國家兩廳院 2014 年新設計之 CIS（橫式/直式）

---

10 「國立中正文化中心企業識別系統規劃」，特一國際設計有限公司提案，2006 年 7 月。

二、品牌箴言

　　市場上有許多讓人耳熟能詳、朗朗上口的成功品牌箴言，像是：華碩的「華碩品質，堅若磐石」，中國信託的「We Are Family」，統一 7-11 超商的「有 7-11 真好」，全家便利超商的「全家就是你家」，Nike 的

「Just do it」，DTC「鑽石恆久遠 一顆永留傳」（A Diamond Is Forever），福斯汽車「德國工藝」（Das Auto）；此外像：Wikipedia 的「the free encyclopedia」，City Coffee「城市 就是我的咖啡館」，伯朗咖啡「好東西要和好朋友分享」也屬此類。

品牌箴言可視作品牌定位的語言化身，以簡易的語句傳達品牌精神與本質，因此也稱為品牌要旨或「核心品牌承諾」。其必須具備表達清楚、簡單好記、鼓舞人心的特性。兩廳院過去可稱作品牌箴言的，唯有行政法人轉型時所揭示的「全民共享的文化園區」，已成為多數人熟知的理念標語。它非常清楚的傳達，兩廳院屬於全體人民，而非特定階層或身分；兩廳院在功能上，也不僅是限於欣賞表演藝術，而是一個與常民在日常生活會產生連結互動的文化園區。

這句標語具備了作為願景的理想性，在當時兩廳院由公務機關變身為行政法人之際，的確可以發揮帶動士氣、提高形象的效果。但若未來以此作為品牌箴言，會顯得字數稍多（9 個字），不夠簡潔有力，較難讓人產生強烈印象。用詞也過於工整莊重，欠缺活力。如果可以簡化為「全民 文化園區」，或以感性訴求：「兩廳院 心靈充電站」、「心靈休憩的港口」、「藝術家的天馬花園」，可以將品牌精神從教育功能再延伸到藝術

層次的感召。畢竟大部分已很懂得生活的台灣人，已經不需要類似「藝術提昇生活」[11]這樣的 slogon，台灣目前所需追求的，是更爲細緻、原創、深沉的人文素養與美感，而兩廳院能夠提供的，也是這份動中求靜沉澱後的省思與安寧！

三、網　址

兩廳院過去所使用的官網網址是：www.ntch.edu.tw，2014 年更名爲：www.npac-ntch.org。

「npac」是國家表演藝術中心「National Performing Arts Center」的縮寫，「ntch」則代表「National Theater & Concert Hall」的簡稱，也是兩廳院內部約定俗成的稱呼[12]。新網址的最大特色是揮別過去從屬於教育體系的色彩（.edu），而以非營利組織面貌問世（.org），此外，加上「npac」昭示出其爲國家表演藝術中心大家族之下的一員。

官網之外，市場上出現頻率極高的兩廳院售票系統：www.artstickets.com.tw。中文雖以「兩廳院」命名，說明了與國家兩廳院的從屬關係，但以「artstickets」爲網址名稱，和中文名稱脫鉤，突顯其

---

11 北京國家大劇院 slogon。
12 NT：戲劇院，CH：音樂廳，ET：實驗劇場，RH：演奏廳。

「藝術」、「售票」之特性，一目瞭然。

　　兩廳院其他常設性官網如：國家交響樂團官網：nso.npac-ntch.org；表演藝術雜誌社官網：par.npac-ntch.org；銷售紀念品的好藝網：gift.npac-ntch.org 等，以及因應活動設置的季節性網站：台灣國際藝術節：tifa.npac-ntch.org；兩廳院藝術夏令營 artcamp.npac-ntch.org；舞蹈秋天 dance.npac-ntch.org 等。通通以「npac-ntch」標示出了與國家表演藝術中心-國家兩廳院的關聯，前頭冠以網站的個別性質，這部分在重整後是相當清楚的。

第三節　釐清產品定位

　　在第 3 章中，已就兩廳院主要產品作一介紹，這些產品無論是系列節目、藝術節、夏令營或售票系統，大多各自擁有代表本身品牌的名稱與主視覺設計，但卻未必與兩廳院品牌有所關連。

　　產品品牌是否與其所屬企業品牌作區隔，端看在形象打造及市場操作上想要達到什麼目的。以下將引用幾個業界的案例作為參考：

　　全球最大的化妝品公司萊雅集團（L'Oréal

Group），是美妝美髮產業中的佼佼者，旗下有蘭蔻（Lancome）、植村秀（Shu Uemura）、媚比琳（Maybelline）、碧兒泉（BIOTHERM）、薇姿（VICHY）、美體小舖（Body Shop）等知名品牌，跨足大眾化產品（如：巴黎萊雅 L'Oréal Paris、媚比琳 Maybelline）、奢華產品（如：蘭蔻 Lancôme、伊夫·聖羅蘭 Yves Saint Laurent）、專業產品（如：萊雅專業 L'Oréal Professionnel、卡詩 Kérastase）等不同區塊。而實際上，萊雅集團所擁有的品牌超過 40 個，各有不同的產品定位、品牌個性、消費目標族群，雖然同屬一個集團，在品牌行銷時獨立運作，不相牽涉，也不特別標示出與集團的關係。另一個業界案例，以酒業與高價奢侈品為主的製造商路威酩軒集團（LVMH-Louis Vuitton Moët Hennessy），旗下擁有 60 多個品牌，是當今世界最大的精品集團。集團主要業務包括葡萄酒及烈酒、時裝及皮革製品、香水及化妝品、鐘錶及珠寶、精品零售五個領域，擁有各式酒類、香水化妝品、珠寶鐘錶等知名精品品牌，並跨足百貨業。但一般消費者並不清楚、也似乎並不需要知道該品牌所屬的企業集團為何。

　　台灣的國際品牌公司華碩，是全球最大的主機板製造商，也是全球第四大筆記型電腦公司。「華碩」之名

來自該公司成為「華人之碩」的期望，而英文名 ASUS
的靈感來自希臘神話的天馬（Pegasus），象徵藝術靈
感、學習、完美與純真。自 2008 年開始，華碩另外成
立代工事業體和碩聯合科技及永碩聯合國際，將「品
牌」和「代工」事業做切割，如此更可專志發展自創品
牌 Asus。而之後確實陸續研發出廣為人知的產品系
列，如變形系列、禪系列（Zenbook）、太極系列
（Taichi）。這些產品各自擁有品牌識別度及知名度，
但都籠罩在 Asus 的大品牌之下。

　　兩廳院要釐清及統整未來母體品牌與產品連結的相
關問題，可以參考以下不同的模式：

　　一是依循萊雅集團方式，將母公司的品牌與產品品
牌完全切割，這樣做的目的是為市場分割考量，或是在
考慮兩廳院品牌無法為產品產生加分效果，甚至有負面
影響時。舉例來說，「兩廳院售票」以兩廳院為品牌，
雖然吸引到多數藝文活動主辦單位，或是對兩廳院品牌
有信心的單位，但也相對排斥掉想與兩廳院保持距離，
或是目標消費者與藝文無關的主辦單位。在這樣的情形
下，或許另外再成立一個品牌名稱完全不同的售票系
統，專攻譬如娛樂、運動賽事的市場，將可擴大整體經
營範圍。

　　另一個做法是，即使產品各自擁有風格各異的主

題、性格、視覺設計，但在產品名稱上加上「兩廳院」，以加強其間的關聯，並建立起與市場上其他類似產品區隔。就像是現行的「兩廳院夏日爵士派對」，將「台灣國際藝術節」改爲「兩廳院台灣國際藝術節」，「樂壇新秀」改爲「兩廳院樂壇新秀」，「國際劇場藝術節」改爲「兩廳院國際劇場藝術節」等。

第四節　加強品牌傳達與行銷

在品牌定位完成之後，接下來需要思考到品牌與對象的連結，此時兩廳院內部不妨再就品牌內涵的一些根本問題作回顧和重整，這些問題包括：

1.我是誰？（品牌辨識，brand identity）

2.我代表甚麼（品牌意涵，brand meaning）

3.顧客應該如何看待或感受我？（品牌回應，brand response）

4.我們之間的關係如何？彼此關係的連結方式與接觸頻率爲何？（品牌關係，brand relationship）

釐清之後，再對內部 —— 員工，及外部－顧客進行傳達。

一、內部溝通

　　與其花力氣和行銷成本說服外界，在品牌打造階段，就應該全員參與，深化內部同仁的認同。這可以透過焦點訪談或內部網絡來溝通，讓員工有機會表達並思索自己服務的組織品牌是甚麼。

　　員工同時也是溝通的重要媒介，因此品牌定位確定後，更須讓組織成員清楚了解自家品牌定位，以及如何在顧客面前呈現品牌，是非常重要的工作，其牽涉到組織文化及共識的成形。

　　兩廳院內部員工約 200 人，比起跨國企業，要作焦點訪談絕非難事，而品牌定位後工作的展開，如果能透過分組討論而非主管單獨進行，將有助於日後實際執行和工作共識。若能讓每一位員工成為品牌大使，宣揚組織信念，品牌行銷絕對是事半功倍。而員工對兩廳院核心價值的瞭解程度，維繫了對兩廳院的認同。營造內部認同的方式很多，像是利用內部溝通管道，如內部網路、電子郵件或內部集會活動機會，傳達兩廳院核心價值及做法，或透過一些小活動，例如鼓勵同仁在特定日子穿兩廳院 T 恤等，都能發揮意想不到的效果。

　　員工當中，尤其是日常位於第一線，與觀眾接觸最為頻繁的基層客服人員，往往是外界對兩廳院的第一印

象，可以說是兩廳院在品牌傳達上，最重要的品牌大使。他們的服裝儀表、服務態度、對服務內容的掌握，甚至口條、情緒表達等專業程度，都直接影響到一般觀眾對兩廳院的觀感。因此在基本訓練外，定期向第一線人員傳達兩廳院最新政策、目的，完整翔實的節目內容和最新訊息，是非常重要的事。

　　而涉及到公關、宣傳事務的人員，經常與媒體接觸，其對組織及產品的品牌是否清楚認知，以及本身專業程度和形象的重要性自然不在話下。

　　作好內部溝通，將使對外行銷工作事半功倍。

二、外部行銷

　　兩廳院的品牌精神，需要透過多種不同管道傳達給外界。不論是針對消費者的產品宣傳，或是一般大眾的形象廣告。區域也不僅限於台灣，更需考量到國際性。因此，兩廳院需要從「品牌的觀點」來設計「行銷活動」，針對不同區域、不同對象，制定不同品牌行銷策略、通路設計與步驟，有效地將兩廳院品牌融入行銷活動，提升品牌權益。而當品牌跨越國際文化和市場區隔時，亦須打造不同的策略因應。

　　外部行銷的管道，涵蓋非常多元，不僅是單純文宣品的露出，同時也包括了：公關、服務、廣告、出版

品、事件、產品、發言人的言行、贊助商、合作對象等等所有涉外事務。不管是有意無意、有形無形，透過這些不同管道，型塑出一般人對組織品牌的認知，因此必須有意識的加以管理，並清楚認知到其目的性。

首先是「整合」以品牌為中心的行銷活動。

外部行銷上，與形象一致的製作物與公關活動是基本功課，需要透過專職人員檢核把關。而「溝通一致化」，則是須透過不同部門協調，整合兩廳院內部行銷方案與活動，包括不同的產品策略、定價策略、服務策略、通路策略、溝通策略等，檢視其對於品牌權益所發揮的功效，以及排除其間的矛盾，並進一步建立起品牌稽核制度以長期維護，以及因應環境進行定期調整。

其次，由於網路的快速普及，大眾媒體的分眾趨向，以及群組式溝通模式的興起，使得「個人化行銷」成為未來行銷焦點。

因此，「體驗式行銷」、「一對一行銷」、「客製化服務」、「意見領袖式行銷」等的操作，非但需要持續，且愈來愈細緻精準，更要辨識與依據不同類型的消費者，發展品牌打造計畫與行銷方案。

而作為品牌行銷人員，不但需要積極主動爭取「國家表演藝術中心」、「國家兩廳院」的露出機會，也要隨時保持對市場的敏銳度，思索如何利用有創意的方

式，提高正向知名度，並正確傳達品牌精神。

第五節　建立品牌稽核制度

「品牌稽核」（brand audit）是指藉由衡量品牌來
了解品牌權益的來源。並進而將同樣的概念運用在行銷
策略及執行範疇上，定期有系統地全面檢視組織目標、
策略及活動，隨時掌握問題和機會。

品牌稽核可以從內部行銷活動和外部顧客反映兩方
面著手，但範圍更為外部導向，從廠商和消費者角度出
發來探討品牌權益，包含兩大步驟：「品牌盤查」
（brand inventory）和「品牌探究」（brand exploratory）。

一、品牌盤查

品牌盤查的目的在於提供消費者即時、正確的品牌
訊息。因此必須了解所有產品及服務如何進行品牌塑造
與行銷。兩廳院除本身組織品牌之外，還有其他相關產
品，如：「台灣國際藝術節」、「兩廳院夏日爵士音樂
節」、「國際劇場藝術節」、「兩廳院之友」、「兩廳
院售票」、PAR 表演藝術雜誌等，各自擁有經營多年
所建立的品牌知名度及運作系統。這些個別品牌與母品

牌間的關係相屬相連，須要透過有意識的統合整理，包括定位、名稱、主視覺、目標客群、行銷方式等，避免外部因資訊不清產生識別紊亂，例如「台灣國際藝術節」和「國際劇場藝術節」有何不同？它們和兩廳院的關係又爲何？恐怕一般外界難以知悉。而產品與產品之間是否存在矛盾或相互干擾的情形，也可以透過盤查的動作予以釐清。

　　產品之外，與兩廳院合作的對象，包括：合作演出團體、藝術家、經紀公司、贊助商、駐店商家、甚至重要供應商，是否帶給兩廳院品牌正向效益，還是減分效果，也需要加以檢視並盡可能調整。

二、品牌探究

　　品牌探究之目的，則是爲了瞭解顧客對品牌的感受與想法，並了解品牌權益的來源。品牌探究一般是以質性研究方法爲基礎，受訪對象包括內部員工和外部顧客，從受訪者的陳述當中，了解消費者對品牌的想法及感受，並佐以量化研究方法，評估品牌的強度、喜好度，由此解釋及勾勒出品牌全貌。這樣大規模的調查，通常需要委託專業市調機構，如果不能每年進行，至少每三年有必要進行一次，以確認目標市場消費者品牌知識架構。

第六節　保障品牌權益

品牌是兩廳院的重要資產，不論是基於權利主張或形象維護，都必須善加保障。

就行銷角度而言，構成品牌權益來源的五大要素分別是：品牌忠誠度、品牌知名度、顧客感受的品質、品牌聯想、其他專有品牌資產（如專利、註冊商標、關係網絡等）

兩廳院在品牌上可以加以保障的內容，主要分為兩部分：一是兩廳院本身名稱、建築圖像及品牌識別系統等外在辨識元素的專利，另外是以節目為核心，所延伸發展相關產品的權益。

在過去，「兩廳院」雖非官方正式名稱，但已約定俗成，成為國立中正文化中心的稱呼。過去偶有房仲業者以「兩廳院」為建案名稱作為行銷用語，甚至附加兩廳院外觀圖像，這樣的行為是否涉及侵權，必須由法律來認定，但無可否認，其有可能造成一般人此建案與兩廳院是否有關的聯想。建商曾以「國家交響樂團」作為建案名稱，更搭配客座指揮的圖像，因而衍發名稱上的風波。

節目是兩廳院最重要的資產之一，無論是節目演出轉播、錄影、巡演、重製等權利，延伸出的產品無論是劇本、手稿、圖片，或是專書、影音品、紀念物等商品，其權益都必須加以保障，而對授權相關行為或製作物上兩廳院名稱露出時的字體級數、方式、位置亦必須詳加規範。

第七節　成立品牌管理專責單位

為了維繫未來品牌不致在人事、時空環境變遷下隨波逐流莫衷一是，必須在組織中建構品牌管理專責單位，並制定角色分工、溝通系統和管理流程。

以品牌領導的觀點而言，組織中的品牌管理者必須是一位策略家和溝通團隊的領導者，負責指揮運用各種溝通工具，引導全方位的溝通活動，達到品牌的策略目標。而在品牌領導的模式當中，品牌管理的決策層級必須是組織中較高的行銷專家，在一般業界，經常是企業的執行長。

鄭智偉在《文化產業品牌管理模式應用研究初探 ── 以台灣表演藝術產業為例》[13]中，針對台灣表演藝

---

13 政治大學廣告研究所碩士論文，民國91年。

術界重要知名團體，個別採訪其在組織品牌策略決策的
層級與過程。其結果相當性一致性，最高決策層級絕大
多數是表演團體的藝術總監，同時也是該團的創辦人。

團體名稱	主要決策層級	備　　　　　註
優劇場	劇團經理（林益慶）	企劃人員
朱宗慶打擊樂團	藝術總監（朱宗慶）	行銷部提出行銷規劃，透過內部會議討論，將此活動或內容定調，再照此行銷策略執行。
紙風車劇團	執行長（李永豐）	組織中的相關主管均參與品牌決策的制定與執行
綠光劇團	藝術監督兼團長（李立亨）	但因組織不大（僅6人），劇團經理及其他同人也會參與品牌決策的制定與執行。
果陀劇場	團長/劇團創辦人（林靈玉）與另一位創辦人（梁志民）	行銷發展主任負責執行細節的實際運作。
屏風表演班	劇團執行長兼藝術總監（李國修）[14]與董事長（王月）	行銷經理負責實際執行工作。
雲門舞集	藝術總監/舞團創辦人（林懷民）	藝術總監同時也是對外溝通時最重要的品牌代言人。另外有一執行副總負責品牌管理，行銷小組實際執行工作。

　　一個表演團體的藝術總監（尤其又身為創辦人），

---

14 當時的執行長為林佳峰，李國修專任藝術總監。

往往是該劇團、舞團或樂團的靈魂人物，團體的組成及走向可以完全依照他的理念發展，在外界眼光裡，藝術總監通常與團體之間畫上等號：林懷民＝雲門舞集，賴聲川＝表演工作坊，劉鳳學＝新古典舞團，更不要說以創辦人為名的朱宗慶打擊樂團、楊麗花歌仔戲團、瑪莎‧葛蘭姆（Martha Graham）舞團等等。兩廳院和表演團體不同之處，在於行政法人的體制下，藝術總監採任期制，即使每一任總監都有其個別經營理念，對外也能充分代表兩廳院，但因為任期限制，過去歷任總監大多任期不長，較難與兩廳院品牌產生長期緊密聯結。這樣的結果其實利弊互見，因此兩廳院本身負責品牌的單位就相形更為重要。

品牌經營因牽涉外形象，除非設有專責品牌管理小組，多半與行銷業務較有關聯，也應該由行銷公關事務的單位負責。以目前兩廳院經營模式，有關品牌的決策進行，可由相關主管成立專責小組，就牽涉品牌的議題進行討論，藝術總監拍板定案，再交由負責單位執行。這樣運作的好處在於，即使首長更替，兩廳院的品牌核心價值與執行上所累積的經驗仍然得以傳承。

企管學者 Scott Bedbury 和 Stephen Fenichell 認為，現今企業面對環境改變時最好的方法，就是把注意力放在品牌上，讓品牌擁有可以走過許多年代，不受時

空限制的價值。而他認為，品牌發展有七大核心要項：簡單性、持續性、關聯性、便利性、人性、普遍性和創新性[15]，其中特別強調，品牌需要「長時間」的經營－亦即「持續性」（或耐性），如何不讓品牌淪為烏托邦式泡沫，是每個企業都必須思索的課題。

　　松山菸廠藝文特區營運之初，知名設計學者官政能曾建議主管單位應該為松菸園區找一位「品牌總監」。前身為公務組織，長期帶有官方色彩的兩廳院，在此時尤應突顯其獨特的核心價值，打造出專屬國家兩廳院的品牌。

---

15 參考《品牌始終來自人性，A New Brand World:8 Principles for Achieving Brand Leadership in the 21st Century 》，Scott Bedbury & Stephen Fenichell 著，麥慧芬譯。台北：商智文化出版社，2002 年。

兩廳院品牌重整流程示意：

確定品牌價值與定位
（核心價值、願景、組織名稱）

↓

建立完整識別系統

↓

釐清產品定位

↓

強化品牌傳達與行銷
（內部溝通、外部行銷）

↓

建立品牌稽核制度
（品牌盤查、品牌探究）

↓

保障品牌權益

↓

成立品牌專責管理單位

結語：未來品牌推展方向

　　這本著作名為國家兩廳院品牌研究，但實質內容上僅能稱作是初探，雖然對現況（部分已經是歷史）加以描述分析，也對目前面臨的問題提出初步建議，然亦僅止於觀念上的分享。未來若要重建品牌，必須再作更廣泛及深入的市調分析，以及專業人士的投入。

　　兩廳院現今擁有的付費會員（兩廳院之友）人數約 2 萬餘名，「兩廳院售票系統」登錄會員人數約 80 萬名，每年入場欣賞節目觀眾 67 萬人次，參觀導覽人數 1 萬 5 千人次。以全台灣約 2300 萬人口台北都會區 700 萬人口而言，這樣的數字並不算多。當然，有限的觀眾席位，以及專業劇場有限制的開放時段，不能讓人數無限膨脹，但依據以往所作的市調，聽聞過兩廳院的人口少之又少，遑論甚至進入兩廳院，表示其仍擁有極大的發展空間。這部分有可能是兩廳院過去以節目宣傳為主而注重直效行銷多年的結果，畢竟直效行銷的好處是確實掌握了主要客層：中重度藝文消費者（也就是那

約 80 萬筆名單），避免散彈打鳥，花費不必要的行銷資源，票房也因此容易有好表現，但隱藏的危機是宣傳通路愈形窄化，以及觀眾的菁英化，反而在兩廳院品牌知名度和培養新觀眾上是不利的。

因此，未來如果能適度搭配強勢大眾媒體通路，即使成本高，效益也無法立刻反映在票房上，但在品牌的推展上絕對會有幫助。另外，以不同族群為對象，舉辦多類型推廣活動（譬如現在的圓夢專案），也將有所助益。作這樣擴大範圍品牌推展的目的是甚麼？不在於增加更多收入，而是，兩廳院是全民共享的藝文資源，人們透過進入兩廳院營造的文化環境，獲得文化洗禮、心靈飽足的經驗，個人生活生命得到提昇，這是兩廳院存在的終極目的。這樣的機會，應該不只是台北市民或某特定階層民眾的專利，而是屬於全民的，這是推動國家兩廳院成為全國性品牌，甚至世界性品牌之目的。

創造廣度之外，亦需持續品牌深化的工作。兩廳院的品牌精神是甚麼？要以何種面貌呈現給大眾？希望達到甚麼目的？是否針對消費者的身分背景、生活態度、消費習慣、價值觀等作更精確的產品定位，並扣合整體品牌策略？如此時時檢視並有意識地推動品牌，才可避免品牌的老化。

此外是聯合品牌行銷的觀念。部分可以透過與藝文

團體的結盟，擴大彼此品牌疆域，畢竟藝術家才是兩廳院最重要的夥伴。尤其國家表演藝術中心成立後，未來台中國家歌劇院、衛武營國家藝術中心相繼上線營運，國表藝中心與各場館，以及三個場館之間品牌如何交叉運作，也需要有合作的機制。

附錄一：參考文獻

一、中文專書

司徒達賢，《策略管理新論 ── 觀念架構與分析方法》，台北：智勝文化，2005 年。

朱宗慶，《行政法人對文化機構營運管理之影響 ── 以國立中正文化中心改制法人爲例》，台北：傑優文化事業有限公司，2005 年。

朱宗慶，《法制獨腳戲 ── 話說行政法人》，台北：傑優文化事業有限公司，2009 年。

洪順慶，《台灣品牌競爭力》，台北：天下雜誌出版社，2006 年 10 月。

邱志聖，《策略行銷分析 ── 架構與實務應用》，台北：智勝文化，2006 年。

施振榮《全球品牌大戰略 ── 品牌先生施振榮觀點》，台北：天下雜誌，2005 年。

陳郁秀，《行政法人之評析 ── 兩廳院政策與實務》，

台北：遠流出版事業有限公司，2010 年。

賴玉琳，《原來，成功的品牌都是這樣製作出來的！》，台北：財信出版有限公司，2013 年。

韓仁先主編，《兩廳院 15 週年慶特刊》，台北：國立中正文化中心，2002 年。

國立中正文化中心，《國立中正文化中心簡介》，台北：國立中正文化中心，1987 年。

國立中正文化中心，《兩廳院 20 週年論壇台灣劇場經營研討會論文集》，台北：國立中正文化中心，2009 年。

國立中正文化中心，《兩廳院經營誌》，台北：國立中正文化中心，2010 年 10 月。

David A. Aaker & Erich Joachimsthaler，高登第譯，《品牌領導》（Brand Leadership），台北：天下文化出版社，2006 年。

Scott Bedbury & Stephen Fenichell，麥慧芬譯，《品牌始終來自人性》（Brand Leadership in the 21st Century），台北：商智文化出版社，2002 年。

Kevin Lane Keller 著，徐世同譯，《策略品牌管理》（Strategic Brand Management），台北：華泰出版社，2008 年。

二、英文專書

Alexader Osterwalder & Yves Pigneur，《Business Model Generation》，Hoboken, New Jersey：John Wiley & Sons,Inc.，2010。

三、委託研究報告

張重昭，《國立中正文化中心定位策略規劃與行銷策略》，2003年。

黃秉德，《因應行政法人化之組織架構與人力配置規劃研究案》，國立中正文化中心內部資料，2003年。

東方線上公司，《兩廳院客群分析研究》，2004年。

特一國際設計有限公司，《國立中正文化中心企業識別系統規劃》，2006年7月。

政大商學院民意與市場調查研究中心，《國立中正文化中心「外租單位場地設備申請之滿意度調查」結案報告》，2006年12月。

觀察家行銷研究有限公司，《兩廳院形象認知調查》，2008年。

四、論　文

鄭智偉，《文化產業品牌管理模式應用研究初探 ── 以
　　台灣表演藝術產業為例》，國立政治大學廣告研究
　　所碩士論文，民國 91 年。

陳姝吟，《文化創意產業與國家品牌之相關性研究》，國
　　立中山大學傳播管理研究所碩士論文，民國 94 年。

黃海清，《品牌價值評價模式之研究 ── 以雲門舞集為
　　例》，國立政治大學經營管理碩士學程（EMBA）
　　碩士論文，民國 95 年。

賴美君，《表演藝術品牌形塑之策略研究 ── 以台南人
　　劇團為例》，國立成功大學藝術研究所碩士論文，
　　民國 95 年。

李宜萍，《表演藝術團體品牌策略運用之探討》，中國
　　文化大學音樂學系碩士班中國音樂組碩士論文，民
　　國 98 年。

五、網路資料

國立中正文化中心（國家兩廳院）
　　http://www.ntch.edu.tw
兩廳院售票網
　　http://www.artsticket.tw

國家交響樂團

    nso.ntch.edu.tw/

台灣國際藝術節

    tifa.ntch.edu.tw/

國際劇場藝術節

    event.ntch.edu.tw/

兩廳院藝流網

    floatingarts.ning.com/

國家大劇院

    http://www.chncpa.org/

亞太表演藝術中心協會

    http://www.aappac.net/

雲門舞集

    www.cloudgate.org.tw/

新加坡濱海藝術中心

    www.esplanade.com/

東京 Suntory Hall

    www.suntory.com/

美國林肯中心

    http://lc.lincolncenter.org/

附錄二：相關研究論文

一、兩廳院相關研究論文

（一）行政法人相關論文

以兩廳院行政法人組織運作為研究重點的相關論文共有 11 篇：

《行政法人決策制度設計之研究 —— 以國立中正文化中心為例》
國立中央大學／法律與政府研究所／100／碩士
研究生：刁彥文
指導教授：鍾國允

《國立中正文化中心監督制度之研究》
東海大學／行政管理暨政策學系／97／碩士
研究生：陳佳音
指導教授：邱瑞忠

《行政法人組織運作之研究 ── 以國立中正文化中心爲例》

銘傳大學／公共事務學系碩士在職專班／97／碩士

研究生：李金發

指導教授：樊中原／劉昊洲

《台灣的表演藝術機構行政法人化之研究 ── 國立中正
　　文化中心爲例》

臺北藝術大學／藝術行政與管理研究所碩士班／97／
　　碩士

研究生：林靜宜

指導教授：林信和

《行政法人對於表演藝術營運之影響 ── 以國立中正文
　　化中心爲例》

佛光大學／藝術學研究所／96／碩士

研究生：趙靜瑜

指導教授：林谷芳

《行政法人化之政策評估 ── 以國立中正文化中心爲例》

銘傳大學／公共事務學系碩士班／96／碩士

研究生：呂心云

指導教授：席代麟

《我國行政法人運作問題之研究 —— 以國立中正文化中
　　心為例》
國立政治大學／公共行政研究所／95／碩士
研究生：呂世壹
指導教授：江明修

《國立中正文化中心行政法人化之法律經濟分析》
暨南國際大學／公共行政與政策學系／95／碩士
研究生：邱士豪
指導教授：趙達瑜

《英國政署制度與我國行政法人制度比較研究 —— 以英
　　國蘇格蘭文物保存署及國立中正文化中心為例》
國立東華大學／公共行政研究所／94／碩士
研究生：黃靖雯
指導教授：朱鎮明

《行政法人國立中正文化中心之角色功能研究》
國立臺灣師範大學／工業教育學系／94／碩士
研究生：呂翔甄
指導教授：林靜／林勇

《行政法人對文化機構營運管理之影響－以國立中正文
　　化中心改制行政法人為例》
臺灣大學／高階公共管理組／93／碩士
研究生：朱宗慶
指導教授：張重昭／劉順仁

（二）文化行政相關論文

以文化行政角度，探討兩廳院在整體環境中的角色
及功能的論文共 4 篇：

《從政治變遷理論探討兩廳院藝文廣場權力意象的轉變》
國立臺北教育大學／文化產業學系暨藝文產業設計與經
　　營碩士班／98／碩士
研究生：郭玫岑
指導教授：林詠能

《兩廳院的誕生與文化政策》
臺北藝術大學／藝術行政與管理研究所碩士班／98／
　　碩士
研究生：邱筱喬
指導教授：陳其南

《以平衡計分卡推動公部門組織策略性績效衡量制度之
　　探討 ── 以國立中正文化中心爲例》
國立政治大學／會計研究所／91／碩士
研究生：羅煜翔
指導教授：周玲臺

《觀賞者對表演藝術節目與設施評估之研究 ── 以國立
　　中正文化中心國家音樂廳爲例》
中國文化大學／觀光事業研究所／88／碩士
研究生：董育任
指導教授：黃宗成

（三）經營管理相關論文

　　就兩廳院售票系統、前台管理、會員經營、節目仲
介等實質經營管理層面作爲切入點的研究論文，共計
14篇：

《藝文展演網路售票系統服務品質與顧客滿意度之研究》
國立中山大學／劇場藝術學系碩士班／100／碩士
研究生：張力夫
指導教授：呂弘暉

《行政法人保全業務委外公開評選與管理之研究 ── 以
　　國立中正文化中心為例》
世新大學／行政管理學研究所（含博、碩專班）／100
　　／碩士
研究生：王至揚
指導教授：黃榮護

《表演藝術市場節目類別與觀眾人次之關係探究 ── 以
　　國立中正文化中心為例》
國立臺灣師範大學／表演藝術研究所／102／碩士
研究生：張教煌
指導教授：白紀齡

《國立中正文化中心表演藝術圖書館服務滿意度調查》
國立臺灣師範大學／圖書資訊學研究所／101／碩士
研究生：簡比倫
指導教授：宋建成

《國立中正文化中心觀眾須知之研究》
國立臺北教育大學／文化創意產業經營學系／99／碩士
研究生：李綺芳
指導教授：林炎旦博士

《售票系統經營與管理之研究 ── 以兩廳院售票系統為例》
臺北藝術大學／藝術行政與管理研究所碩士班／94／
　　碩士
研究生：徐盛禎
指導教授：朱宗慶

《表演藝術之中介組織兩廳院與藝術推廣公司之研究》
國立臺灣大學／社會學研究所／83／碩士
研究生：楊惠玲
指導教授：孫中興

《國立中正文化中心觀眾須知之研究》
國立臺北教育大學／文化創意產業經營學系／99／碩士
研究生：李綺芳
指導教授：林炎旦

《表演藝術機構前臺計時服務人員聘僱制度之現況探討
　　── 以國立中正文化中心為例》
國立臺灣師範大學／表演藝術研究所／98／碩士
研究生：黃相瑜
指導教授：何康國

《表演藝術觀眾資訊尋求與會員制之研究 ── 以國立中
　　正文化中心為例》
臺北藝術大學／藝術行政與管理研究所碩士班／94／
　　碩士
研究生：劉家渝
指導教授：樓永堅

《國內主要表演藝術場地收益落差研究 ── 以國立中正
　　文化中心、新舞台為例》
國立臺北藝術大學／藝術行政與管理研究所／93／碩士
研究生：陳音如
指導教授：黃秉德

《應用資料倉儲於表演藝術行銷之研究 ── 以「國立中
　　正文化中心」為例》
中國文化大學／資訊管理研究所碩士在職專班／92／
　　碩士
研究生：曾美卿
指導教授：黃謙順

《表演藝術圖書館角色功能之研究：以國立中正文化中
　　心表演藝術圖書館為例》
淡江大學／資訊與圖書館學系／92／碩士
研究生：吳美清
指導教授：宋雪芳

《國立中正文化中心表演藝術圖書室服務品質改善之研究》
國立臺灣大學／圖書資訊學研究所／88／碩士
研究生：邱雅暖
指導教授：謝寶煖

（四）節目製作相關論文

以兩廳院個別製作為研究主題者，共 3 篇。

《林奕華導演作品《水滸傳》、《西遊記》之男性氣概
　　再現與顛覆
國立臺南大學／戲劇創作與應用學系碩士班／101／碩士
研究生：黃宣諭
指導教授：王婉容

《羅伯・威爾森與台灣跨文化劇場製作：《歐蘭朵》與
　　《鄭和 1433》》
臺灣大學／戲劇學研究所／100／碩士
研究生：楊評任
指導教授：謝筱玫

《解構與建構：從臺灣版《歐蘭朵》與《鄭和 1433》
　　看羅伯・威爾森的劇場呈現》
國立臺灣藝術大學／戲劇學系／100／碩士
研究生：郭建豪
指導教授：石光生

二、文創產業品牌經營相關論文

《藝術精品品牌的建構 —— 以香華天為個案分析》
國立中山大學／高階經營碩士班／100／碩士
研究生：洪慈鄉
指導教授：方至民／曾志弘

《精品與藝術合作之品牌權益與消費行為影響》
國立交通大學／企業管理碩士學程／97／碩士
研究生：許文菁
指導教授：唐瓔璋

《獨立音樂品牌原型之研究》
國立宜蘭大學／經營管理研究所碩士班／97／碩士
研究生：陳光斌
指導教授：蔡明達

《「國語日報」品牌再造研究》
國立政治大學／經營管理碩士學程（EMBA）／97／
　　碩士
研究生：林瑋
指導教授：洪順慶

《文化創意產業之品牌行銷研究》
銘傳大學／設計管理研究所碩士班／94／碩士
研究生：陳弘揚
指導教授：高凱寧

《文化創意產業品牌行銷模式之研究 —— 以法蘭瓷爲例》
中興大學／企業管理學系所／94／碩士
研究生：朱濱祥
指導教授：佘日新

《慶典活動意象對目的地活動品牌影響之研究 —— 以宜
　　蘭國際童玩藝術節爲例》
南台科技大學／休閒事業管理系／95／碩士
研究生：許若玫
指導教授：陳慧玲

《品牌聯盟對認知價值與顧客忠誠度的影響 —— 以文化
　　創意產業爲例》
大葉大學／事業經營研究所／95／碩士
研究生：林建男
指導教授：羅雁紅

《文化創意產業之品牌行銷 —— 以台灣校園民歌爲例》
世新大學／傳播管理學研究所（含碩專班）／95／碩士
研究生：黃慶雪
指導教授：蘇建州

《文化創意產業品牌形象與忠誠度之研究 —— 以田尾鄉
　　公路花園爲例》
亞洲大學／經營管理學系碩士班／96／碩士
研究生：許脥諭
指導教授：陳朝鍵

《文化創意商品如何跨越創新採用的鴻溝 —— 以創意市
　　集品牌為例》
國立政治大學／管理碩士學程（AMBA）／97／碩士
研究生：洪佳吟
指導教授：許牧彥

《用故事打造節慶品牌的客家桐花祭之研究》
國立臺北教育大學／文化產業學系暨藝文產業設計與經
　　營碩士班／98／碩士
研究生：廖美玲
指導教授：林詠能

《中山大學藝術季對學校品牌形象影響之研究》
國立中山大學／傳播管理研究所／98／碩士
研究生：侯佳蘋
指導教授：張玉山

《文化創意產業品牌授權之個案探討》
國立中央大學／企業管理研究所／98／碩士
研究生：吳馥君
指導教授：洪德俊

《台灣偶像劇品牌建構要素之初探性研究 ── 以三立偶
　　像劇為例》
世新大學／公共關係暨廣告學研究所（含碩專班）／
　　98／碩士
研究生：柯尹喬
指導教授：陳一香

《台灣文化創意產業品牌經營之成功因素探討》
玄奘大學／國際企業學系碩士班／98／碩士
研究生：王瓊如
指導教授：賴廷彰

《社教機構建立品牌形象之研究 ── 以國立臺灣藝術教
　　育館為例》
銘傳大學／設計管理研究所碩士在職專班／98／碩士
研究生：廖千儀
指導教授：陳振輝

《文化創意產業的策略品牌管理 ── 以法藍瓷和故宮數
　　位典藏為例》
中興大學／科技管理研究所／98／碩士
研究生：王新智
指導教授：陳明惠

《台灣文化創意產業發展共同品牌之研究》
國立政治大學／企業管理研究所／99／碩士
研究生：劉宥言
指導教授：洪順慶

《應用劇場理論分析 Simple Life 簡單生活節品牌》
國立臺北教育大學／文化創意產業經營學系／99／碩士
研究生：蕭如敏
指導教授：陳智凱／黃海鳴

《文化創意產業後發品牌之品牌行銷策略分析 —— 以八
　　方新氣為例》
元智大學／資訊傳播學系／99／碩士
研究生：方慧雯
指導教授：梁朝雲

《文化創意產業與國家品牌之相關性研究》
國立中山大學／傳播管理研究所／94／碩士
研究生：陳姝吟
指導教授：陳祥

《非營利組織品牌個性構面之研究 —— 以基金會為例》
大葉大學／人力資源暨公共關係學系碩士在職專班／
　　95／碩士
研究生：陳渼侖
指導教授：黃麗君

《品牌行銷與藝術作品價值對收藏行為之影響 —— 以畫
　　廊產業為例》
逢甲大學／經營管理碩士在職專班／95／碩士
研究生：林素珍
指導教授：簡士超

《臺灣文化創意產業之珠寶產業品牌行銷研究以小型工
　　作室為例》
元智大學／資訊傳播學系／94／碩士
研究生：吳志芬
指導教授：莊育振

《創意生活產業之品牌識別打造探究》
國立政治大學／科技管理研究所／94／碩士
研究生：林依蓁
指導教授：李仁芳

此外，涉及表演藝術領域品牌研究相關論文有 9 篇。

《藝術節慶與城市品牌之關聯性 ── 「嘉義市國際管樂
　　節」個案分析》
國立臺灣師範大學／表演藝術研究所／97／碩士
研究生：張瀞方
指導教授：何康國

《表演藝術周邊商品產製意義與消費價值》
臺北藝術大學／藝術行政與管理研究所碩士班／99／
　　碩士
研究生：葉克秋
指導教授：朱宗慶

《表演藝術商業化之策略探討 ── 以無双樂團爲例》
國立臺灣師範大學／表演藝術研究所／102／碩士
研究生：郭哲麟
指導教授：何康國教授

《文化產業品牌管理模式應用研究初探 ── 以台灣表演藝
　　術產業爲例》
國立政治大學／廣告研究所／91／碩士
研究生：鄭智偉
指導教授：劉美

《品牌價值評價模式之研究 ── 以雲門舞集爲例》
國立政治大學／經營管理碩士學程（EMBA）／95／
　　碩士
研究生：黃海清
指導教授：樓永堅

《表演藝術團體品牌策略運用之探討》
中國文化大學／音樂學系碩士班中國音樂組／98／碩士
研究生：李宜萍
指導教授：羅雁紅

《表演藝術品牌形塑之策略研究 ── 以台南人劇團爲例》
國立成功大學／藝術研究所／95／碩士
研究生：賴美君
指導教授：洪萬隆／高燦榮

《品牌迷群之情感依附：以霹靂布袋戲爲例》

國立臺北大學／企業管理學系／98／碩士

研究生：張凱華

指導教授：梁世安／蔡坤宏

《霹靂布袋戲迷認真性休閒特質與品牌權益、盜版行爲
　　關係之研究》

南華大學／旅遊事業管理學系碩士班／99／碩士

研究生：沈婉蓁

指導教授：丁誌鮫